给孩子的极简世界地理 1

[美] 维吉尔·莫里斯·希利尔 著

艾夏 译

文化发展出版社
Cultural Development Press
·北京·

图书在版编目（CIP）数据

给孩子的极简世界地理. 1 /（美）维吉尔·莫里斯·希利尔著；艾夏译. — 北京：文化发展出版社，2024.6

ISBN 978-7-5142-4349-9

Ⅰ. ①给… Ⅱ. ①维… ②艾… Ⅲ. ①地理－世界－青少年读物 Ⅳ. ①K91-49

中国国家版本馆CIP数据核字(2024)第098209号

给孩子的极简世界地理 1

著　　者：[美]维吉尔·莫里斯·希利尔
译　　者：艾　夏

出 版 人：宋　娜　　　　　责任印制：杨　骏
责任编辑：肖润征　刘　洋　　责任校对：岳智勇　马　瑶
策划编辑：唐　三　史英男　　封面设计：万　聪
出版发行：文化发展出版社（北京市翠微路2号 邮编：100036）
网　　址：www.wenhuafazhan.com
经　　销：全国新华书店
印　　刷：河北文扬印刷有限公司

开　　本：710mm×1000mm　1/16
字　　数：210千字
印　　张：20.5
版　　次：2024年6月第1版
印　　次：2024年6月第1次印刷

定　　价：128.00元（全3册）
I S B N：978-7-5142-4349-9

◆ 如有印装质量问题，请电话联系：010-68567015

导言

献给那个9岁的孩子，他说：“多希望世界上能再多出100个地方，这样你就可以继续讲给我们听了。”

假如你还不满15岁8个月3天，请忽略以下文字：

读这本书的孩子应该是这样的：

从不知道伦敦或巴黎，认为Dane只是狗的一个品种[1]。

❶“大丹犬”和“丹麦人”的英文拼写方式相同，都为Dane。

本书从旅游者的角度来看世界——而不是旅游推销员的角度。

本书告诉孩子们地平线之外的东西，从美国密歇根州的卡拉马祖市到非洲马里的延巴克图市。

本书不仅让孩子们知道“世界七大奇迹”，并且让他们知道还有很多其他奇迹。

在我还是个小男孩的时候，我家住在美国东北部的新英格兰。每当感恩节[1]到来时，大人们会准备6种不同的馅儿饼：苹果馅儿、桃馅儿、蔓越橘馅儿、奶油冻馅儿、肉末馅儿和南瓜馅儿。可是大人们只让我选择其中的两种。无论选择了哪两种，我都觉得不满足。当我为这本书选择要讲的地方和主题时，我也像当初选择馅儿饼时一样困难。地球上有太多“非常重要”的地方需要在这本书里介绍，但是仍无法避免会有读者问为什么一些国家或地区没有讲到，尤其是读者自己居住的地方。

❶感恩节：西方传统节日，是美国人民独创的一个阖家欢聚的节日，时间一般为每年11月的第四个星期四。

在我小时候，地理对我来说就是一连串令人厌恶的名词——气候和贸易、制造厂家和实业公司，还有作物。貌似地球上每一个地方的主要作物就是玉米、小麦、大麦，或者大麦、小麦、玉米，或者大麦、玉米、小麦。当我学地理的时候，讲到希腊时只有一张照片，我猜测是因为希腊不生产小麦、玉米、大麦。我那时候学的地理只有“皮毛”，地理这门学科的“头”和“心脏”都被省略了。

当时我很爱看地理书上的图片，包括地图，却不喜欢看文字讲解。除了个别描写或者叙述的段落，地理书上的其他文字部分我认为根本不值得一读——因为全是混乱的标题，包括副标题、小副标题：家庭作业、笔记、图片学习、给老师的建议、帮助、使用说明、复习、问题、练习、背诵、课文等。

我上学的时候，地球对我来说就像一个橘子，那时学的地理知识，现在

仍然记得的只有三项：荷兰的小朋友穿木鞋，因纽特人[1]住在雪屋里，中国人用筷子吃饭。

❶因纽特人：生活在北极地区，黄种人。后文有详细介绍（又被称作“爱斯基摩人”，但他们拒绝被这样称呼，因为这种说法来自他们的敌人，意思是“吃生肉的人”）。

我们当时的教学法是问答形式，从学习乘法口诀表的时候开始实施。老师会看着书提问：“美国人是什么生活状况？”坐在我身后的那个13岁的男孩口齿清晰地回答道：“答，他们非常贫穷无知，住在破败的小屋里。”听到这儿，老师面无表情地说了一句让人惊愕不已的话：“不对，那是下一个问题‘因纽特人是什么生活状况’的答案。”

在我开始教9岁孩子学习地理时，我发现某些地理课本不是商业气息太浓，就是孩子气十足而缺乏逻辑。书上列举的各种数据和抽象的内容完全超出了9岁孩子的理解范围，且那些关于其他国家小朋友的故事对于孩子们了解地理知识意义不大。

我从很多年前就开始旅游，地球上大部分的国家我都去过，实际的旅行路线加起来可以绕地球好几圈了。于是我想，既然去过这么多地方，我自己也可以写一写地理。我在上课的时候会随口讲一些我去旅游的故事，有一个班的学生都对这种故事非常感兴趣，于是我让一个速记员把我讲的内容记录了下来。我带着这些笔记再给另外一个班级上课，然后突然意识到：如果有这样一本书就好了。我把课上讲的内容写出来就是一本书了。因为无法预知孩子们会有什么样的反应，所以我不厌其烦地拿我的笔记给孩子们上课。因为如果不经过试验，就无法知道孩子们是否能理解我笔记上的内容。提前设

想他们应该知道或可能不知道某些词组的意思是毫无意义的，因为即使他们明白“令人惊叹的”和“令人震惊的”这样复杂的词[1]，却也很容易误解一些更简单的词。

上课的时候，我曾经给一个班的学生朗读一本关于旅行的书，这本书写得很精彩。作者说：“我们到达的时候又饿又累，在最近的旅馆找到了住处。”孩子们却以为“找到了住处”是说旅行的人在旅馆里找到了25美分的硬币[2]！我向他们讲述威尼斯的“叹息桥”时，描述了过桥时发出叹息的囚犯。我随意问了一下有没有人知道为什么这座桥的名字叫“叹息桥”，一个小男孩回答：“因为它个头儿大。”一个小女孩以一副鄙视他的样子说：“因为它有边。”一个来自农村的小男孩，他的想象力更是让人摸不着头脑，说可能因为他们用“长柄大镰刀”。第四个小孩说道：“因为它属于一个名叫‘赛伊’的人。”[3]

很多孩子喜欢研究地图。地图有点儿像拼图——只是某些新名字很难被记住。可是没有名字或具体地方的地理就不是地理——那可能只是仙境。所以，学习地图和名称是非常重要的，教室里也应该在墙上贴上大幅的地图。

孩子们可以利用地理来做研究。以国家分类做一个剪贴簿——很容易就可以贴满一大本从图片新闻、期刊上剪下的剪报，或者旅行社发的特殊广告。大多数图片经常出现在出版物上——印度的寺庙、中国的宝塔、非洲捕

❶英语原词分别为stupendous和appalling，都是日常生活中不太常用的词。

❷此误解是由于英语里“找到了住处”是find quarters，而quarter还有“25美分硬币”的意思。

❸孩子们回答的“个头儿”英文是size，“边”是sides，“长柄大镰刀”的复数形式是scythes，“赛伊”的所有格形式是Cy's，这些词都与“叹息”（sighs）发音相似。

猎野生动物的场景，还有巴黎的公园。孩子们几乎可以自己编地理杂志了。另外，收集邮票也是非常有吸引力的活动，尤其是到一定年龄的男孩，他们像大人们一样把收集邮票当作一种爱好。

当然，学习地理的最好方法是去旅游，但并不是像商人到达罗马只花一个小时来看这座城市那样的旅游——他出了车站，钻进出租车，给司机一张纸，上面写着他要去参观的地方。他会告诉司机：“我来这里只想看两个地方——圣彼得广场和古罗马圆形大剧场。以最快的速度开到这两个地方然后再开回车站。”司机把他带到圣彼得广场，他把头伸出车窗外，问司机：“这是哪儿？广场还是剧场？”

我的故乡有一位年龄很大的人，他一生中去过的最远的地方距离自己家都不到20千米。现代社会中，旅行非常便捷，每一个孩子都希望能出去旅游。这本书的目的就是告诉他们出去旅游应该看什么，这样他们的旅行才不会没有价值。

请上车！

当我还是个小男孩的时候，保姆常常带我去火车站看火车。一个头戴蓝帽子，身上穿着有铜纽扣的蓝制服的人会大声喊：“去往东北方向巴尔的摩、费城、纽约的乘客，请上车！”他挥舞着胳膊，示意火车启动。保姆说他是火车的列车长。

我回到家后，也经常戴上一顶帽子，像列车长一样喊：“去往东北方向巴尔的摩、费城、纽约的乘客，请上车！”我不厌其烦地重复，直到有人对我说：“拜托你不要喊了！”

当时我希望长大以后能成为一名真正的列车长，戴着蓝帽子，穿着有铜纽扣的蓝制服。现在我已经长大了，也正在扮演着列车长的角色，因为我在这本书里，会带你去巴尔的摩、费城、纽约，以及东西南北各个方向的许多其他国家的城市——我要带你周游世界！

让我们开启世界地理之旅吧

目录

001 望远镜中的世界
006 地球是圆的，我曾绕着它跑过
011 地底下
015 没有尽头的队伍
019 十三俱乐部
023 一座建在洼地上的城市
031 佩恩的森林、弗吉尼亚的领土、玛丽的领土
036 帝国之州
047 新英格兰
053 五个大水坑
058 百川之父
064 青春之泉
068 大篷车
073 仙境
081 拥有众多“之最”的西部
086 拥有众多“之最”的西部（续）
090 美国的邻居
094 战神的国度
099 近在咫尺，远在天涯

望远镜中的世界

如果我说，你从未真正看过自己全部的脸，你也许会感到奇怪，反驳我说你可以看见——可事实确实如此。

你能够看到自己的鼻尖。

你甚至还能看见你的嘴唇——假如你噘起嘴的话。

如果你努力地伸出舌头，还会看见你的舌头。

尽管如此，你也只能这样了，只能看到自己部分的脸。

当然，你绝对见过你的脸长什么样，镜子可以帮助你看到它。但是，你要知道，这并不是真实的你——它不过是你的一张图片罢了。

同样，没有谁能看到我们的地球——所有的人——因为我们就居住在地球表面上的世界之中。

是的，你可以看到一点点你周围的世界——假如你爬到一栋高楼顶上，你可以看得远一些；假如你爬到一座高山的山顶上，你将会看得更远；假如你在飞机上，那么你看到的将会更远、更多。但是，假如你想看到整个世界，你必须站得非常高，高过云层，站在遥远的星星那里。

海洋里的鱼也许是这样告诉它的小宝贝的："世界上到处都是水——它就像一个超大的木桶盛着好多的水。我哪儿都去过，我知道就是这样的。"当然，事实上它是真的不知道其他的东西。

沙漠里的骆驼也许是这样告诉它的小宝贝的："世界上到处都是沙子——它就是个超大的沙丘。我哪儿都去过，我知道就是这样的。"

冰山里的白色北极熊也许是这样告诉它的小宝贝的："世界上到处都是冰和雪——它就像一个超大的冰柜。我哪儿都去过，我知道就是这样的。"

森林里的棕熊也许是这样告诉它的小宝贝的："世界上到处都是树——它就像是一片超大的森林。我哪儿都去过，我知道就是这样的。"

同样，以前的人也许是这样告诉他们的小宝贝的："世界就是一座岛屿，它好像一个超大的泥馅儿饼，上面有水，有冰，有树，还有沙子，它的头上还戴着一顶叫天空的帽子。我哪儿都去过，我知道就是这样的。"

当一些喜欢刨根问底的孩子问："那么，像泥馅儿饼一样的世界又是在什么上面呢？"人们就会认真地回答："在4头大象的背上。"

孩子继续追问："那么大象站在哪儿呢？"人们会认真地回答："在乌龟的背上。"

孩子又追问："那么这只乌龟是在什么上面呢？"这恐怕就没有人能回答了。因为没有谁能猜得更远了，所以就只剩下乌龟孤零零地趴在那儿。

这是很久以前父母告诉他们的孩子关于世界是什么的故事。

如果你真能爬得很高，爬到了白云的上面，高高地悬在半空，坐在不知名的小角落里，晃着两只脚向下看世界，你觉得世界像什么呢？

我知道——尽管我从来没有真的在那儿看过。

从遥远的空中通过望远镜来观察这个世界，它看起来像一轮满月——圆圆的，白白的；不同于盘子的扁圆，好像是一个雪球的圆。事实上，它

不只是白色的，还非常亮——因为太阳光照在地球上，让它变亮了，就像晚上，汽车车灯照在路面上让路面变亮一样。当然，太阳光一次只能照亮地球的一面，另一面还是暗的。但是因为地球的转动，它围绕太阳不停地转，所以，它的另一面早晚也会被太阳光照亮的。

假如我们通过望远镜去看地球——你知道望远镜是什么吧？它是那种可以让东西看起来更近、更大的工具——就像人们观察月球一样，你会看到地球的一面有2个大大的补丁，看起来就像是个长相奇怪的影子。在地球的另一面，类似这样的影子是这一面的2倍，有4个呢。这些长得好像影子的补丁其实就是岛屿。它们有个名字：大陆。而这些大陆也都是有名字的。假如这些名字用约1000英里[1]高的字母写在上面——当然实际上是没有的——以便人们用望远镜可以看到的话，那么，人们就可以在地球的这一面读到下面的文字：

[1] 大约是1600千米。

北美洲（North America）

南美洲（South America）

假如一直等到地球转过来，转到了另一面正好被太阳光照亮——就好像我们是在看地球演电影。我们会读到**欧洲（Europe）、亚洲（Asia），还有非洲（Africa）。最小的那个大陆名叫：澳大利亚（Australia，现在称为大洋洲）。在地球最底下的是南极洲（Antarctica）。**

我们把钱币的一面称为“正面”，因为这一面通常有人物的头像，而将另一面称为“反面”，因为它与“正面”相对。如果我们把地球也区分成两面的话，会很容易。但是地球没有正反面——所以我们用两个其他的词来为地球的两个面命名。**我们把一面称为“西半球”，另一面称为“东半球”。西半球有2块大陆，东半球有4块大陆。**

地球的最上面和最下面叫作极（pole），虽然那里并没有柱子[1]。上面和下面全都是银白色的雪和透明的冰——因为极地非常寒冷，常年被冰雪覆盖。

地球上除了像补丁一样的大陆和冰川以外的地方全都是水，**环绕着大陆的水被称为“洋”**，即使并没有什么墙或篱笆将这些水隔开，它们还是被分成了几个部分，每个部分都有不一样的名字。

你能区别自己的左手和右手吗？如果你已经3岁了，肯定能。但你能区别东方和西方吗？如果你已经9岁了，应该也可以。**东方是太阳升起的地方，西方则是太阳落下的地方。如果你右手的方向是东，你左手的方向就是西，你的脸朝着的方向就是北，你的背对着的方向就是南。**

太平洋[2]在北美洲和南美洲的西面，东面是**大西洋**，海岸线没有越过东半球的大洋叫作**印度洋**——请注意，它可不是因美国的“印第安人”[3]而得名的。地球的最上面是**北冰洋**，最下面将南极包围在中间的叫**南冰洋**[4]。南极和南冰洋大部分地区是冰，因为那儿太冷了。

为什么我在向大家介绍地球时要把北冰洋放在上面呢？其实没有什么特别的原因。因为地球其实并没有什么上下之分。我想，北方会被放在上面的原因，仅仅是制作地图和地球仪的人大多生活在北半球，他们喜欢自己住的

❶pole是“极”的意思，也指柱子、杆、竿和棒等。

❷太平洋：世界上最大、最深、边缘海和岛屿最多的大洋，位于亚洲，大洋洲，南极洲和南、北美洲之间。

❸印第安人：对美洲原住民的统称。大航海时期的代表人物哥伦布在到达美洲时，错把美洲当作印度，错把美洲原住民当作印度人。后来为了两相区分，改称美洲原住民为印第安人。本书后文也有提及。

❹南冰洋也叫南大洋或南极海，是世界第5个被确定的大洋。但目前该说法在国际上尚未被统一认定。

地方在上面。

这就是我们的地球。你也许会问:“除了这个地球之外，还会有别的地球吗？”有些人猜可能会有——夜晚像星星一样眨着眼睛的其他星球上可能也会有生物居住。但是没有人知道，就算最厉害的望远镜也无法使我们看到所有遥远星球上的东西，因此，我们只能在心中猜想。

地球是圆的，我曾绕着它跑过

地球是个球体

你曾离家出走过吗？

我离家出走过，那是在从前，在比你更小的时候。

我想去看一看地球。

妈妈告诉过我，地球是一个很大很大的球体，假如我一直朝着我鼻子的方向往前走，那么我会绕地球一圈，回到我出发的地方。

因此，一天清晨，在没有告诉任何人的情况下，我启程了，要去环绕地球。

但是，我没走多远太阳就落山了，一名又高又帅还很善良的警察叔叔把我送回了家。

长大以后，在我还未成家的时候，我再次出发，去环绕地球。这次，我乘着火车，向太阳落山的方向飞驰。太阳落山了，却没有善良的警察叔叔送我回家了，因而我继续前进，一天又一天，一周又一周，一个月又一个月——时而乘火车，时而搭轮船，时而坐汽车，时而骑在动物的背上——但总是朝着太阳落山的方向，地球的这一方向，被人们称作“西方”。

我径直穿越广阔的田野、浓密的森林、小城镇和大都市——我走过一座又一座桥，绕过一座又一座山，穿过一个又一个山洞——我看到了一片海洋，然后乘坐一艘大轮船渡过了这片海洋，从而到达了另一块陆地——我到达了一片完全陌生的土地。在那里，人们穿着样式奇怪的衣服，居住在形状怪异的大房子里，嘴里说出的是我从未听过的语言；我看到了奇怪的动物和植物；我又穿越另一片海洋……结果，在很多个月之后，沿着相同的方向，我回到了曾经启程的地方。因此，我知道了，**地球是圆的，因为我曾环绕过它——但是它不像乒乓球那么滚圆，而是像个鸡蛋一样，胖胖的、扁扁的。它是那么庞大，以至我们站在它的表面上时完全看不出来它是一个球。**

我差不多花了半年的时间来环绕地球一圈——那看起来是非常长的一段时间，而且路程十分遥远——已经超过了40076千米。曾经有人环绕地球一周用时比我更短——“格拉夫·齐柏林”号航空母舰，它绕地球一圈只需要3个星期；在不到9天的时间内，两名飞行员环绕了地球一周，又飞回他们的起点——纽约；美国空军的一种战斗机只需连续飞行一天多的时间就能绕地球一圈。

如果一个人在太阳升起时启程，跟着太阳一直走，在太阳落山的时候走完地球的一面，而后继续跟随着太阳走，走完地球的另一面，那么第二天早上，他将回到他所出发的地方。如果这样，他就是在一天之内绕地球一圈。但是要做到这点，他必须以约每小时1600千米的速度连续奔跑，24小时不停歇，这样才能追得上太阳。

你可能知道，**环绕在地球外部的是一圈大气层，地球上所有的物体都被大气层包了起来，就像海洋里的海水将海洋里所有的一切裹住一样。**你或许并不知道，大气层并没有填满整个天空——它仅仅是包住了地球。动物和人生活在大气当中，就像鱼生活在海洋里一样。如果一个巨人将大气层带走，动物和人都会死亡，就好像把鱼从海洋中捕上来，它很快就会死掉一样。距离地面越近，大气就越厚；距离地面越远，大气就越稀薄。飞机只能

● 山川与陆地 ▲

● 海洋 ▼

在几千米高的高度飞行的原因正是如此——如果飞得太高，就没有足够的大气支撑飞机飞行了。就像船需要水推动船桨使它前进，飞机必须依赖空气推动螺旋桨才能飞翔。**如果是一架喷气式飞机，那就必须由空气来提供动力。没有大气层，飞机就不能飞行；同理，没有水，蒸汽船就不能远航。**

飞机在大气层中间飞行

能在大气层之外飞行的东西只有一种——火箭，它不需要大气提供动力来支持飞行。你想坐在火箭里，到没有空气、空荡荡的太空遨游吗？你想登上月球吗？在月球上你不可能找到任何有生命迹象的物体，月球是一个没有任何生命的、死气沉沉的、绝对没有空气的星球。不过，如果你的火箭能飞到其他未知的星球，你就有可能发现活生生的植物，而且还有可能发现活生生的动物——谁能说得准呢？

地球上有些山是那么高，山顶上的大气十分稀薄，只有带上了氧气罐的人才可能登上山顶。

你无法看到空气——或许你认为可以，但你眼中看到的其实是云或雾，而不是空气。空气在流动的时候，会形成风，当风将你的帽子吹掉时，你可以感觉到它；当风在屋外呼啸而过，或是吹得窗户叮当作响时，你可以听到它，却从来没有人能看到空气。

地球并不是一直都是现在的样子，它在遥远的过去曾是一个大火球——一个非常大的火焰蔓延的星球。那是在亿万年之前，当然，那时地球上不存在任何动物或植物。然后，大火球逐渐冷却，直到不再燃烧，形成一个灼热的岩石球。在那时，地球上没有大海，没有水，因为水无法在任何高温的物体上储存，就像它无法停留在火炉上一样，它会化为水蒸气。因此，那时环绕在地球表面的只有蒸汽团。地球持续冷却，直到蒸汽团冷却成水，落到陆地上——雨水不停地落下，最终形成一片非常大的海洋，将地球覆盖。

地球依旧在不停地冷却，冷却后开始变皱、枯萎、收缩，就像一颗杨梅的表皮，你知道杨梅开始时是圆润的、光滑的。那些被抬高露出海洋表面的褶皱形成了大陆上的山脉，这些褶皱非常庞大。**地球目前依旧在收缩，偶尔会发生摇晃和震动，这就是我们所说的地震。**但是，与先前海洋中的陆地被抬升出来时的剧烈程度相比，现在的地震真是“小巫见大巫”了。但是，这些仅仅是人们的猜测——陆地从海底被抬升也可能是悄无声息的、缓慢的、柔和的，就像地上长出青草一样。没人知道事情的真相到底怎样。我们唯一能肯定的就是大陆确实是从海洋中升起来的——因为我们在高山之巅发现了贝壳，我们很清楚，那贝壳只可能是高山在海底时沉积在那里的。

地底下

当我还是一个非常小的孩子时，我的好奇心很强。至少，我的保姆是这样认为的。

有一次，我和她一起在城市的人行道上散步，我问她：

“珍妮，人行道的下面是什么呢？”

“下面是一些泥土。”她答道。

“那泥土的下面呢？”

“还有更多的泥土。”她答道。

“那再下面是什么呢？”我问道。我对她的回答有些不满意。

“那，什么都没有了——我不知道——你为什么这么喜欢问问题呢？”她说。

我知道在下面一定有什么东西，我非常想知道是什么——我十分好奇。

我听人说过，调皮的小孩死后会进入地底下的一个地方——也许是一个非常大的、黑漆漆的山洞，我想知道这是不是真的。

我还听说，中国人居住在地球的另一端（相对于美洲人民而言），他们头朝下行走。我想知道这到底是真的还是假的。

我决定挖通地球去调查到底，不断地向下挖呀挖呀，只要挖到了地球的另一端，我自然就知道了。你得知道，我当时还是一个非常小的孩子，我用一把小铲子在我家后院的葡萄架后边开始向下挖。在完成我的目标之前，我决定保密。我一天接一天，不停地挖着，起初挖到的泥土很松软——这非常容易挖，后来碰到了坚硬的土壤，再挖就十分困难了。我挖了一个自己站进去可以没过我的腰的小坑。

有一天晚上，爸爸问我："庭院里的那个小坑是用来做什么的？"

我的秘密被发现了！当我把我的计划告诉他时，他并没有笑我——至少没有笑出声——不过，他问我知不知道要挖多深。

"你能挖到像华盛顿纪念碑那么深吗？"他问我。

我想，或许我能，但同时又对此有一点儿怀疑，因为华盛顿纪念碑实在高得不得了。

"人们能挖出许多比华盛顿纪念碑深好多倍的井，"爸爸告诉我，"但是这与挖穿地球相比差得太远了。即使你想到达地球的中心，也得挖几千个华盛顿纪念碑那么深。从地球的一端通过地心笔直地到达地球的另一端，大概有12700千米，中途你遇见的大多数都是岩石——只有岩石，非常多的岩石。就是这样一回事。”

“如果没有人能够挖穿地球，那么你是如何知道它有12700千米深的呢？”好奇的我问道。我记不起父亲是如何回答我的了，那时的我太小，不明白是什么意思。我也不知道如果现在我给你讲我们无须穿过地球就能知道它的直径的原理，你能不能明白。

接下来我来讲一讲我们是怎样知道的。有一个十分有趣的现象：每一个球体，不管它的尺寸有多大，不管它是大球还是小球，它的最外一圈的长度一定是它直径的3倍多一点儿。对于这个现象，我觉得非常奇怪，为什么恰好是3倍多一点儿，而不是4倍、5倍或别的倍数呢？如果你不相信，可以自己试一试。用一个橘子或苹果，测量它最大的圈，然后一刀切开，再测量它的直径，你就会知道这个现象是否属实。

如今，我们都知道地球是一个非常大的球体。因为它是一个球，所以就应该像所有的球一样，周长是直径的3倍多一点儿。绕地球一周大约40000千米，有人曾实际测量过这个距离，我们可以由此计算出从地球的一端穿过地心到另一端的距离大约是12700千米，因为40000千米就是12700千米的3倍多一点儿。这就不算地理学了，它应该属于数学。如果你想用正式的地理学术语来代替“穿过”和“绕一周”，你必须说“直径”和“周长”——它们和“穿过”“绕一周”的含义是相同的：地球的直径约是12700千米，周长约是40000千米。

地球的表面包裹着一圈岩石，就像烤土豆时外面烧焦的一层皮一样。地壳最大的特点是分层，一层叠着一层，好像果酱蛋糕一样，不过每层夹的不是果酱，而是壳类、沙子、小石子或者煤等。假如你像切苹果一样把地球切成两半，它就会像下面这张图中所描绘的一样，我们称它为截面图。

就像果酱蛋糕中夹的果酱一样，在这些岩石之间有煤，在其他一些圈层中则有银、金、宝石，还有些地方会有石油。这就是人们挖井，在岩石层中寻找矿产、石油的原因。

岩石层再往下，就没有层了——只剩下坚硬的岩石。继续往下，温度会越来越高，地球的这部分从没有冷却过，岩石不再那么坚硬，而是熔融状态。

无论在什么时候，无论在哪里，你如果看到有烟囱，就知道烟囱下面一定有火炉；如果看到烟囱顶部向外冒烟，就知道火炉一定燃起了火。**就像烟囱一样，地球上也有许多地方会有烟和火从地下冒出来，这些地方被我们称作“火山”。**

为什么地球是由岩石组成，而不是陶瓷、玻璃或铜呢？为什么地球形状像球，而不是像线团、盒子，或者一只旧鞋呢？

没有尽头的队伍

你曾见到过游行队伍——特别长的游行队伍吗？我曾经看见过一次士兵游行，他们走了整整一天。前进，前进，继续前进，一小时接着一小时，一刻也不停歇。我一生中再也没有见过那么多人，我想他们一定有10万人左右。不可想象，地球上为何会有那么多人。地球上所有的人如果都一个挨一个地排成长队并列队通过的话，那就不只是花一天时间，而是要用一辈子的时间来走完全程了，那是因为地球上的人口已经超过几十亿。

在地球上，大约每分钟会有300个婴儿诞生，当你在读这本书的时候，就有许多人已经出生了，时钟每走一下就会有人死亡。正常情况下每天出生的人要比死亡的人多。因此，地球上的人越来越多。

地球上所有人的体形和身高都相差不大。那些像教堂一样巨大或者像拇指一样娇小的人只会出现在童话中。没有人在长脚的地方长出轮子，长胳膊的地方长出翅膀来。每个人都有一张嘴、一个鼻子、一个脑袋，都有两只眼睛、两只耳朵、两只手、两只脚。但是，全球人口中没有两个长相完全相同的人，即使是双胞胎也不可能完全相同。

● 全世界的人组成的“游行队伍”

人和人之间最大的区别是肤色。**地球上的人一部分是黑种人，一部分是白种人，还有介于白人与黑人之间的黄种人。**人们通常把肤色不同的人分为不同的“种族”。“今天对种族来说是个好日子。”我父亲曾经这样说。我起初以为他是在说帆船比赛或者赛马，当我问他“什么比赛”时，他笑着回答道：“对黑种人、白种人和其他种族的人来说，都是好日子。”[1]

[1] 英语中种族一词race也可指比赛。

每个种族在地球上都曾经有自己居住的地方，但是，也有很多人迁移到别的地方去了。美国人居住的地方多数是白种人，但也有很多黄种人和黑种人。

如果你生下来就是个黑种人，或是黄种人，又或是白种人；如果生育你的不是你现在的父母；如果你出生的地方不是现在的地球；如果你从未出生……那么现在的你会在哪儿呢？

地球上除南极洲以外的六大洲是人们生活的地方[1]，每个洲都有许多国家。一个国家是指乡村、城镇和那些由同一个统治者治理的国土。**地球上共有230多个国家和地区，**有的国家只有几千人，非常小；有的国家有十几亿人口，非常大。**美国的人口有3亿多，**但是还有几个国家的人口更多。**中国和印度都是人口大国，两国各自的人口数量几乎都是美国的4倍多。**这两个国家都在亚洲——世界上最大的大洲，名字是最短的[2]，但是人口很多[3]。

❶七大洲指地球陆地分成的七大块，包括亚洲（Asia）、欧洲（Europe）、北美洲（North America）、南美洲（South America）、非洲（Africa）、大洋洲（Oceania）和南极洲（Antarctica）。南极洲不适合人类居住。

❷亚洲的英文名为Asia，在所有大洲中字母最少。

❸本段中的所有数据至少适用于2021年年末之时。

每个国家都有一个最高领导者，就像每支足球队都有一个队长或者每个家庭都有一个顶梁柱一样。有的国家的统治者叫作总统，有的则称为国王。很多国家的最高领导者除了总统或国王，还有其他称谓。

总统之所以叫作总统，是因为他是由国家的公民选出来的，就像足球队的队长是由队员选出来的一样；国王之所以成为国王，是因为他的父亲是国王，同样他的儿子也会成为国王。

我们称选举为“投票”。国王一辈子都是国王，但总统的任期只有几年。

有国王的国家被称作王国。有总统的国家叫作共和国。总统或国王加上与他们一起统治这个国家的人称作政府。政府制定规则、法律，还做两件不允许任何个人做的事：发行邮票和货币。一个国家的邮票并不一定比别的国家的好，货币也是这样。语言也是如此，无高低贵贱之分。

地球上不同的人说着许多不同的语言，即使在同一个国家，语言也有很大差别。在这个世界上，一共有5600多种语言。想想都令人非常吃惊！有可能你只会说其中的一种，如果是这样，你就无法和说其他不同语言的人交流，也不能理解别人的语言。在美国，差不多所有人都说英语，很奇怪，英语本来应该是英国的语言。但是，如果你去欧洲那边游玩，就算只停留一天，都会在宾馆、商店或大街上听到不一样的语言。

恰好我是在美国出生的，周围所有人说的都是英语，我所学的同样也是英语。但是如果我是一个黄种人，生长在亚洲，就可能说汉语了；或者如果我是一个黑种人的小孩，出生在非洲，那么我可能会说一种我连名字都叫不上来的语言。我认识一个能说12种语言的人，我还听说有个人能说100种语言！你一定会觉得很惊奇，要知道，学会另一种语言需要花费好几年的时间。**许多语言的字母都和英语的差不多，那就是我们现在所使用的罗马字母（也叫拉丁字母），原因是很久以前古罗马人最先使用它。但是汉语、日语，以及其他的一些语言则不同。**

十三俱乐部

一个人要想以自己的名字命名一座博物馆、图书馆或者一家医院，或许得花上百万美元。但是，有一个人却什么事都没做，什么钱都没花，没有贡献任何东西，甚至都没有提出过要求，就以他的名字命名了北美洲和南美洲，并且人们会永远这样叫下去。这个几乎不为人知、极为平凡的人叫亚美利哥。

这首歌你听过吗？它开始是这样唱的：“我的祖国，美丽的自由之乡，我为你歌唱。”我的祖国是指什么，你知道吗？它是指北美洲很小的一部分。

你的口袋里有一枚5美分的水牛镍币[1]吗？如果没有，你可以借一枚来看看。硬币的正面是一个印第安人的画像，从头发上可以看出来他是印第

❶水牛镍币：美国铸币局于1913—1938年生产。1938年，杰斐逊镍币取代了水牛镍币，并沿用至今。

水牛镍币

安人，你能猜出为什么美国的硬币上画的不是白种人，而是印第安人吗？

硬币的背面有一头水牛的画像，你能猜出为什么不是一头奶牛或一匹马吗？

很久很久以前，美国（的土地上）根本没有白种人、奶牛或马，只有非常多的印第安人和水牛。如今，在美国，印第安人和水牛已经非常非常少了，所以，硬币上的印第安人和水牛的画像是在提醒我们，**美国（土地上）最早的居民是印第安人，最早的家畜是水牛。**

如果你认真观察硬币，不难发现上面印着“美利坚合众国”（The United States of America）几个大字，这是美国的全称。如果我们每次都说美利坚合众国的话，就太长、太烦琐了，所以，我们平时把它称为“美国”(America)，或者简称“USA”。

有这样一幅画，你看见过吗？有一名身材高大的男人，戴着一顶星条高帽，身上穿着一套看上去好像是用美国国旗做的衣服，长长的燕尾上衣、红白相间的条纹裤子。实际上，这不是历史上真实存在的人，但他却象征着美国，就好比把美国简缩成一个人，也有人说这是山姆大叔的缩写，我们称这个“身穿美国国旗”的人为“山姆大叔”。

美国地图看上去像是一条满是补丁的被子，这些不同形状和尺寸的补丁就是美国大大小小的州，它们都是联合在一起的——其中的意思是，这个州和那个州是连在一起的。当然，实际上这些州之间并没有线来连接。地图上的这些线在地面上呈现的只是远远地用石头做上的标记。所以，当你从一个州进入另一个州时，可能你根本就察觉不到。每个州都有乡村、城镇。我居住的地方是一座城市，它在马里兰州。其他人可能住在不同的乡村、城镇。

但是，我们都居住在美国的某一个州里。后文我会告诉你几个地方，它们不属于美国的任何一个州。

有的州拥有笔直的边界，有的州则会有一个、两个或者更多个弯曲绵延的边界。有些州很小，有些州则很大，最小的州是罗得岛州，但是它根本就不是什么岛。它在中部上面偏右的地方——不过，我们说那是东北方，不说中部上面偏右。得克萨斯州很大，在靠近中央的底下——不过，我们说那是南，不说底下。得克萨斯州相当于200多个罗得岛州那么大。也就是说，你可以把200多个罗得岛州塞进得克萨斯州里。

很久很久以前，世界上并没有一个叫作“美国”的国家，只有沿着大西洋海岸排列的13个州，这些州都非常小，小到令人们考虑是否应该成立一个俱乐部。这起源于一个非常古老的故事，有个男人想折断一捆树枝，可是无论如何他都办不到。因此，有人给他出了个点子，把那捆树枝分开，一根一根地慢慢折，这样很容易就能折断了。同理，这些州也认为，如果他们彼此分开的话都会很脆弱，很容易被打败，于是他们就想像一捆树枝一样联合起来，这样就不容易被敌人打败了。一个十三州俱乐部就由此产生了，他们称自己为“美国”。他们的座右铭是“联合就是强大”，意思就是“聚在一起就会有力量”。

在西方，“13”通常被人们看作一个不吉利的数字，不过这13个州可不怕传统说法带来坏运气。国旗是一个国家的象征，一个新国家总要有国旗，于是，他们制作了一面有13道条纹的旗帜——7条红纹、6条白纹——并在旗帜蓝色的一角画上白色的星，一颗白色的星代表一个州。北美其他的一些州觉得自己也应该加入这个俱乐部。因此，越来越多的州加入这个俱乐部，直到一共有50个州加入为止。把这些州连接起来，我们可以发现它们从东边的大西洋一直向西延伸至太平洋，从太阳升起的地方一直延伸到太阳落下的地方。每当一个州加入进来，国旗的左上角就会加上一颗星，但是条纹却没有再增加。于是，现在美国国旗上有50颗白色的星——这象征着美国是由50个州联合在一起的。美国的硬币上有“E PLURIBUS UNUM”拉丁语字样的原因也是如此，它的意思是“合众为一”。

但是，并不是整个美洲都加入这个俱乐部——美国北部有个叫加拿大的国家，南部有个叫墨西哥的国家。这两个国家的人虽然也都属于美洲人，但是他们的统治者却和美国不同，因为它们三个属于不同的国家。

虽然留在美国的印第安人只是极少数，但是一些州的名字仍是以他们的名字命名的。你能在地图上指出来哪些是由印第安人组成的州吗？弗吉尼亚和马里兰？当然不是——因为它们是女孩的名字。以“新”字开头的州，比如新泽西和新罕布什尔州？当然也不是印第安名，它们是依据其他国家的老地名取的。但是像俄亥俄（意为“漂亮的河”或“巨大”）、明尼苏达（意思是“蓝天和水”）等许多其他州的名字就源于印第安语。

一座建在洼地上的城市

你把帽子戴在哪里？你的头上。

“上尉”一词[1]也有头的意思——它是一些士兵的头儿。

“首都”一词[2]也有头的意思——它是一个国家的头儿（心脏）。

当我还是个孩子时，我住在美国的首都，但是我没有住在美国的国会大厦。[3]这听起来很有趣吧？但是这确实是事实，两个单词的含义不同，首都是一座城市，而国会大厦是一栋建筑。就连总统都不能住在国会大厦，我当然也不能住在那里。

❶captain一词可指上尉、首领。

❷capital一词可指首都、省会、首府。

❸首都capital与美国的国会大厦capitol读音相同，只差一个字母，容易混淆。

美国刚建国时，人们都希望把首都建立在一个合适的地方。当时有8个备选的地方，最终，被选为首都的是一块沼泽地，因为那块地最靠近当时的国家中心地带。后来，人们在那儿建了一座城市，以乔治·华盛顿命名，名字就叫“华盛顿”，因为他是美国的第一任总统。当我还是个小孩子时，华盛顿还有个地方被人们称为“水池”或“沼泽洼地”，不知道现在的人是否还这样叫。现今，华盛顿已经是世界上美丽的城市之一，有宏伟的建筑，有美丽的花园。不过乔治·华盛顿从来没有在华盛顿居住过，而是在距弗吉尼亚大约16千米的一个名叫弗农山庄的地方定居了。如今，华盛顿都快成为美国的边界了，离美国的中心地带超过了1600千米。虽然首都没有变，但是国家的领土扩张了，领土的中心地带也就变了。

在美国，名叫“华盛顿”的城市有28个。从地图上看，首都华盛顿好像在马里兰州，但其实不是这样的。它不属于任何州，所有州的首府都有自己的地盘，于是这块地方被称为哥伦比亚特区，或者简称D.C.。由于哥伦布[1]发现了美洲大陆，因此将它命名为哥伦比亚特区。如果你打算给首都华盛顿的某个人写信，你必须认真地在华盛顿后面加上“哥伦比亚

❶哥伦布：意大利探险家、航海家，曾用实际行动证明了“地球是圆的”。本书的下文会有更详细的讲解。

● 美国首都华盛顿的景象

特区”。因为叫华盛顿的城市太多了，如果不这样做，你的信件就有可能无法送到目的地了。

当我还是个孩子时，我认为全世界最美丽的建筑是国会大厦。等到我差不多游览完全世界几乎所有最美的建筑之后，我的观点发生了改变。我曾见过一栋美轮美奂的建筑。我曾经在沙堆上尽我最大的努力搭建过一座国会大厦——先拿鞋盒装上满满一盒湿沙子，再把沙子全部倒出来，为了不让沙子松散，我十分小心地把鞋盒扣过来，然后，我又用相同的方法，用茶杯做了一个圆屋顶。

其他国家的国会大厦在我的心中也应该是圆顶的。但是最近我才了解到，最早有圆屋顶的建筑并不是国会大厦，而应该是教堂，并且许多国家的国会大厦并不是圆形的屋顶。当我还是个孩子时，我喜欢爬到国会大厦的圆顶上面去——那时可没有电梯——在上面可以鸟瞰整座城市，看蚂蚁似的人群在街道上来来往往。

国会大厦的一侧是参议院—— 一栋特别大的房子，另一侧是众议院——房子也是相当庞大。在参、众两院，人们坐在桌子旁——像学校里的孩子一样。美国法律就是由这些人制定的，所有美国公民都必须遵守。在参议院的人被称为参议员，在众议院的人被称为众议员。参议员和众议员是性别平等的，既可以是男人，也可以是女人。

每个州需要选两名参议员进入华盛顿的国会，不论是像罗得岛州那样的小州，还是得克萨斯州那样的大州，都只有两个名额。每个州还会派众议员到华盛顿的国会，不过数量是由每个州的人口多少来决定的，例如：纽约州的人口非常多，在国会的众议员就很多；有些州由于人口太少，在国会就只有一名众议员。众议院和参议院合起来被称作“国会”，当国会举行会议时，国会大厦上会竖起一面旗帜。

● 国会大厦

国会图书馆

看看这本书或其他书，你会看到书上都印着**“版权”**两个字。国会大厦附近有一座巨大的建筑，金色的圆屋顶扣在建筑的上方，这就是国会图书馆。如果有人打算在美国出版一本书的话，那他一定要先送两本书到这个图书馆，然后国会图书馆会给予他**“复制的权利”**，这意味着其他人如果没有经过他允许的话，就没有“权利”印刷或者复印那本书。国会图书馆所藏的书籍比美国国内任何一个图书馆都要多。

你可以仔细看看你家的电视机、相机，或者一些其他的机器，你是否能找到**“专利”**这个词呢？美国的任何人发明了有用的、新的东西——无论是一架飞机、一支钢笔，或仅仅是一个老鼠夹，都要送一个通常被人们称为模型的东西——到华盛顿的另一栋大楼去申请专利，这栋大楼叫作专利局。**要是这个东西的确是新的发明，并且从来没有人做过相同的东西，专利局就会给予他贩卖和制造这种东西的独有权利，这种东西就不允许任何人再制造和贩卖了，这就叫作专利。**有些模型特别奇怪，有个人发明了一种可以用两条机械腿“行走”的蒸汽机。我小时候也发明过一种“瞬间弹回”手帕，只要我用手帕擤完鼻涕，口袋里的一根皮筋就会把它拉回去。但是，我没有申请专利。

士兵！游行！音乐节！飘扬的旗帜！在华盛顿经常有一些规模宏大的游行，其实，这条街应该被称为“游行街”。它从国会大厦一直向外延伸到约1.6千米外一座外形与银行相似的建筑，那就是财政部。这栋建筑就是10美元钞票上面的图案。财政部管理钱财，通常人们用两个字母缩写“U.S.”表示美国（United States）。我们也用这两个字母来表示美元，将一个写在另一个上面，并切掉“U”的一大半，这样就形成了“$”符号。

货币和邮票在另一栋楼里被制造出来。

“看到那个正在摇着印刷机手柄的人了吗？”带领你参观的导游这样介绍，“他一天能制造100万美元！”

“哇！那他一定是世界上最有钱的人了吧？”

“噢，不是的！他一天才挣50美元。”

铜币、银币或金币都不是在华盛顿制造的，而是在一个叫作铸币厂的地方。

小时候，我有一个很古老的书柜，它被我称作“我的博物馆”，里面有一个鸟窝、一个海星、一堆贝壳、一块“金”石头等。有一个非常大的博物馆屹立在华盛顿，它就是美国国家博物馆，里面有好多从世界各地搜罗过来的奇珍异宝。

美国有许多白色的房子，但是，就数坐落在财政部旁边的白宫最为气派，因为总统住在那里。它也是20美元上面印刷的图案。在白宫的后庭，有一座为纪念美国第一任总统华盛顿而建造的纪念碑，新当选的总统一走进后花园就可以看到它。华盛顿纪念碑是当今世界上最高大的单块石雕作品，它的高度约为169米，好像一根非常大的手指。

有一方长长的水池躺在华盛顿纪念碑前，那水池就像一面明镜，里面

白宫

映着纪念碑的倒影。一座四周环绕着柱廊的大理石建筑坐落在水池的另一端，它应该是为纪念一个人而建造的地球上最为宏伟的建筑。没错，它就是为了纪念美国第十六任总统林肯而建造的。这座建筑被印刷在5美元的钞票上，林肯像则在钞票的另一面。在一间非常小的木屋里，林肯出生了，他的家特别小，小到能很轻松地被你的房子装进去。没有人比林肯更贫穷、更可怜、更没有机会，但是他后来成了美国总统。他担任美国总统时，美国被划分为南、北两部分，激烈的战争在这两部分之间爆发，眼看这两部分就要分裂了。这时，伟大的林肯维护了美国的统一。为林肯建这座漂亮建筑的原因正是如此。这座宏伟的建筑中只摆放着一样东西—— 一尊林肯坐在椅子上的雕像。他就一直坐在那里，他的灵魂好像还活在那座雕像里，凝视着雕像下前来瞻仰的人群。

● 华盛顿纪念碑 ▲

● 林肯纪念堂 ▼

佩恩的森林、弗吉尼亚的领土、玛丽的领土

你是否曾经用苹果换过梨呢？是否用陀螺换过几粒弹珠呢？当美国及其首都华盛顿还没有成立时，现在叫作华盛顿的地方曾有一条河静静地流淌，有一些印第安人居住在河边。这些印第安人划着他们的独木舟，在河面上往来穿梭，并和别的印第安人交换物品。他们用自己拥有的东西去交换自己想要的东西——玉米换土豆啦，珠子换毛皮啦。商人在印第安语中被称作“波托马克”，所以这条河被人们称作“波托马克河”。美国的两个州刚好被这条波托马克河分隔开，这两个州的名字分别来源于女王伊丽莎白一世、英王查理一世的王后：弗吉尼亚州和马里兰州。波托马克河上的这些印第安人划着他们的独木舟顺流而下，到达了一片更加广阔的水域。这片水域看上去就像宽广的海洋，于是这些印第安人取“百川之母”的含义给它

取名为“切萨皮克”，它就是我们现在在地图上能够看到的“切萨皮克湾”。切萨皮克湾是美国面积最大的海湾。

你吃过乌龟、青蛙或蜗牛的肉吗？有些人非常爱吃这些动物的肉。印第安人偶然发现切萨皮克湾中有很多牡蛎，刚开始没有人能想到牡蛎是可以吃的——那东西从表面上看一点儿也不像是能吃的东西。有一天，一个印第安人饿得快死了，身边实在没有什么吃的，如果再不吃东西，他就要没命了，因此他就跑到切萨皮克湾中，捞起几个牡蛎，砸开硬壳，狼吞虎咽地吃起里面的肉来。他惊奇地发现牡蛎的肉十分鲜美，并且它不会蜇人，其他人听说后也都去捞牡蛎吃，开创了吃牡蛎的先河。现在，世界各地的人都喜欢吃牡蛎，无论生的还是熟的都广受欢迎。世界上其他地方也有牡蛎，但是许多人说切萨皮克湾的牡蛎是个头儿最大、味道最好的。一般生长8个月后的牡蛎味道最为鲜美。牡蛎在7月开始生长，最佳的食用季节是在下一年的3月。

在切萨皮克湾附近有两座主要的城市，一座是巴尔的摩，另一座是安纳波利斯。“安纳波利斯”意为“安娜之城”，同样是以一位英国皇室女性的名字命名的。这样，美国一共有三个地区是以英国皇室女性的名字命名的——玛丽的领土（马里兰州）、弗吉尼亚的领土（弗吉尼亚州）和安娜之城（安纳波利斯）。马里兰州的首府是安纳波利斯。安纳波利斯有一所专门培养水兵的学校，为海上的战争而准备，那所学校就是美国海军学院。能够在美国海军学院学习的男孩都十分优秀，是在各州的选拔中脱颖而出的。他们在海军学院学习所有与作战、船只及地理相关的知识和技能，并学习船只的指挥，有时他们也会出访其他国家。

马里兰州最大的城市是巴尔的摩，它是以一位英国男爵的名字命名的。这里铺设了美国的第一条铁路。这条铁路从巴尔的摩通往俄亥俄州，被称作“巴尔的摩－俄亥俄铁路”，简称“巴俄铁路”。巴尔的摩还有世界闻名的约翰·霍普金斯医院和约翰·霍普金斯大学。全世界有许多出色的人才在约

● 巴尔的摩

翰·霍普金斯大学就读，也有很多人去约翰·霍普金斯医院看病。

以前有一个名叫佩恩（Penn）的男人拥有坐落在马里兰州北部的那个州，那里是一大片森林，因此被叫作宾夕法尼亚（Pennsylvania），意为“佩恩的森林”。其实，当地在很久很久以前，就生长着非常茂密的森林。那些树木死去之后被埋进地下，逐渐化成了黑色的岩石。又过了很多年，这些黑色的岩石被人们挖了出来，他们偶然发现这些岩石与其他岩石有些不同，它们是可以燃烧的。当然，我们都知道**这些岩石可以燃烧是因为它们就是硬化的木头，也就是现在我们所说的“煤”。**

煤的分类有两种，一种是软煤，一种是硬煤。之所以叫作软煤，并不是因为它像垫子一样柔软，而是因为它非常容易碎裂。软煤燃烧后产生的灰尘非常多，但价格比硬煤要低不少。最好的煤是硬煤，宾夕法尼亚西部出产软煤，东部出产硬煤。

无数的煤矿工人在地下夜以继日地挖煤，对于他们来说，在矿山中工作，白天就像晚上一样，见不到阳光。正因为他们的辛勤工作，我们才有暖气可以用，蒸汽机才能运转。矿工日复一日、年复一年地挖掘煤矿，在地面上挖出了一个个深深的大洞，因此现在的宾夕法尼亚州地下有很多地方都是空的。

硬煤

就像千层巧克力蛋糕中间夹着一层层的巧克力一样，煤炭在地下的岩石之间也是一层一层分布的。**宾夕法尼亚州不仅有煤炭资源，还有铁矿资源。**铁矿是混在地下的岩石中的，这样的岩石我们把它叫作铁矿石。为了把铁从铁矿石中提炼出来，炼铁工人会在铁矿石的底部燃起烈火，铁就会熔化成铁水，流入放置在地上的槽中，铁水冷却后就会凝固成生铁。

如果想从铁矿石中将铁提炼出来，就必须要有足够的热量，所以就必须要有可以提供热量的东西，比如煤炭。有些地区有丰富的铁矿石，煤炭却很稀少；而有些地区有大量的煤炭，铁矿石却短缺。这就好比当你们想打棒球的时候，有些男孩只有球棒，而有些男孩只有球。但是位于宾夕法尼亚州西部的匹兹堡既有铁矿石，又有煤炭资源，就好比有些男孩既有球棒又有球一样。

当地的人们在铁矿石中提炼出铁，把铁炼制成钢，用钢制作横跨河上的大桥、铁路的铁轨、建筑的横梁。

宾夕法尼亚州有一个城市名叫费城，意为“兄弟之爱的城市”。宾夕法尼亚州最大的城市就是费城，它也是美国第五大城市。但是现在费城的光辉已经大不如前了。在华盛顿总统还未出世之前，美国的首都曾经是费城，而现在费城连宾夕法尼亚州的首府都不是。一座名叫“独立厅”的古老建筑就屹立在费城。独立厅内有一口大钟，美国刚刚成立时，每当具有历史意义的时刻来临时，钟声就会响起。现在这口钟已经不再被人敲响了，但是它却比美国任何一口可以敲响的钟都珍贵。

● 大西洋城的木板路

离费城不远处，有一个全世界最大的“浴缸”，它是坐落于新泽西州沿海地区的大西洋城。大西洋城吸引着来自世界各地的游客，游客们可以在那里随意放松休闲，享受太阳浴和盐浴。大西洋城海岸上有一条有几千米长，并且十分宽阔的木板铺成的步行街，步行街两旁设有各种各样的休闲娱乐设备。如果你想在这条街上好好享受一番，那么，就请你去大西洋城吧！

帝国之州

❶此为作者自己给出的定义，不具有普遍代表性，仅供参考。

几个国家联合在一起会被人们称为“帝国”。[1]纽约州经常被称作“帝国之州”，那里有很多人、非常多的公司，还有非常多的钱。

全世界第一大城市——纽约，它坐落于纽约州的南部。纽约与其他城市相比，有更多的人口、商店、酒店、高楼和财富。纽约实际上是依据英国的一个叫作约克的地方命名的。当时，英国移民到达美国后，把他们自己居住的这个地方叫作“新约克”，现在，我们叫它“纽约”。现在的纽约比以前的那个“新约克”的面积要大好多倍！纽约有很多百万富翁，当然，也有很多穷人。世界各地的人都希望能来到纽约，在这里成就一番事业，成为百万富翁。有些人在到达纽约之前，一直认为纽约的大街是用金子铺的，到了之后才发现原来纽约的街道也是普通的柏油路，因此非常失望。

有一个小岛是纽约城最主要的组成部分，印第安人称这个岛为“曼哈顿”。那时白种人只花了24美元，就从印第安人手中买下了整个曼哈顿岛。只是当时支付的并不是美元——因为那时的印第安人还不知道什么是钱呢，他们只要了几件小饰品、几串珍珠，这些货物加起来值24美元左右。现在曼哈顿的一小块土地的价格就比当时整个岛的价格高无数倍。或许你会问：

“为什么那么小的一块地会这么贵呢？”因为土地是不同于纸张的，纸只是一层，它非常薄，而土地却很厚。如果你拥有一块土地，那么这块地的地上和地下都是属于你的。正因为纽约的土地非常昂贵，所以人们逐渐建起了很多高楼大厦，也就是人们所说的“摩天大楼”，因为50层的楼房和一层的楼房占地面积是相同的。

我认为纽约人建造的大楼是世界上最不可思议的，又大又高，也很美观，见到的人都不禁赞叹，简直就像是“大人国”中的房子一样。你看过《格列佛游记》[1]吗？那本书中就提到了大人国，住在大人国里的都是巨人。纽约的摩天大楼屹立在那里，不怕电闪雷鸣，不怕风吹雨打，静静地看着脚下往来穿梭的人群。正是这些人用自己的双手辛辛苦苦创造了那么多挺拔美丽的大楼，而这些高楼恰好反映了纽约“追求更高”的目标。我们都知道有这么一句名言：“高大的橡树都是从小小的种子长成的。”纽约有一栋60层的建筑，建造它的费用全是用一枚一枚的小硬币凑成的哦！当时建造那栋摩天大楼时，所用的钱都是5美分、10美分的硬币。帝国大厦是纽约城里最美丽的建筑，它有102层，在好长一段时间里它是世界上最高的建筑。

纽约还有几栋建筑物能算得上是全世界的“国会大厦”。在第二次世界大战结束之后[2]，许多国家都希望能想个办法来避免第三次世界大战的发生。因此，就像美国每个州派出代表去国会开会一样，这些国家都各自派出代表在一起开会讨论。他们在会上讨论的话题是与所有国家都相关的。假如有两个国家因为意见不合吵架了，各国代表就会通过开会的方式，劝说这两

❶《格列佛游记》是英国作家乔纳森·斯威夫特创作的一部长篇游记体讽刺小说，作品以主人公里梅尔·格列佛船长的口气叙述了周游四国的经历，反映了18世纪前半期英国统治阶级的腐败和罪恶。

❷希利尔生卒年为1875—1931年，本书选用的原版是由希利尔的助手休伊于1951年修订的版本。

● 帝国大厦

个国家不要吵架，应该努力解决问题。我们所说的**“联合国”**正是这个地方，联合国成员方们普遍认为，在纽约开会讨论各种各样的国际事务最合适不过了，因此人们就在纽约建造了前文提及的那几栋建筑。**在联合国开会时，代表的发言将会通过6种语言进行广播。**❶

❶截至2022年4月，联合国共有会员国193个。按照规定，联合国官方正式使用的工作语言只有6种，按英文字母排序依次为：阿拉伯文、中文、英文、法文、俄文和西班牙文。6种语言都同等有效，联大代表们发言时可以随意使用这6种语言中的一种。在现场，代表们的发言都会用这6种语言同声传译；在会场中，每个座位上都有一个可以听到6种语言同声传译的耳机，代表们可收听自己想听的语言，详见下文。

在联合国会议中，每个国家的代表都讲本国的语言，但是其他人都能听明白。这是为什么呢？因为在场的各国代表都戴着耳机，听翻译把他人的发言译成自己能听懂的语言。做翻译工作的人至少要精通两门语言，当他听到一种语言后，马上就得通过麦克风译成另一种语言，传到各国代表的耳机中。另外还有数百万人通过电视机收看联合国会议。

在纽约港的一个小岛上，一尊巨大的铜像矗立在那里，它就是我们所说的**自由女神像**。“自由女神”高举手中的火炬。她的手大约有5米长，多么长的手啊！如果能和她握手，那感觉一定很神奇。她的一根手指就有2米多长，如果她戴上戒指，那戒指得有多大啊！她的鼻子长1.5米左右，如果她想闻的话，一定任何气味都能闻到吧！她的嘴巴有1米宽，如果她能说话，那声音得有多嘹亮啊！自由女神像的内部是空的。每次有船只经过时，甲板上的人都会兴奋地欢呼起来：“大家看啊，是自由女神！”“我们终于到家了！”每一次有人坐船离开纽约时，都会与自由女神像挥手告别，有些人可能永远都不会再回到美国了。

哈德孙河在曼哈顿岛的西边，东面叫作“东河”。东河上有一座桥，桥身是用铁索拉着的，桥下看不到一根柱子，这样的桥有一个特别的名字——悬索桥。东河上的这座桥叫作“布鲁克林大桥”，叫这个名字是因为桥的另一端就是长岛，长岛上有一个大城市名叫布鲁克林。人们平时只是在溪流上搭建悬索桥，世界上第一座又大又长的悬索桥就是布鲁克林大桥。整架悬索桥高高地悬在半空中，即使是行驶在河流上最大的船只也能从桥下顺利通过。

刚开始，人们都非常害怕，没有胆量在布鲁克林大桥上行走，他们说：“这座桥竟然是用绳子吊起来的，那一定非常不安全！尽管绳子是用钢做的，但只要人们一脚踩上去，那桥一定会马上掉下来。”当汽车和卡车急速飞驰、呼啸而过时，大桥的确会左右晃动，但依旧还是平稳地悬挂着。哈德孙河与东河上还有几座其他的桥，都能够通向繁华的纽约城。人们还在哈德孙河河底挖了一些隧道，这些隧道就像一根根管道铺设在河底一样。

曼哈顿岛及其附近的地区有两条世界闻名的街道，一条叫百老汇大街，另一条就是第五大道。百老汇大街刚开始只是一条非常短的街道，但是十分宽敞。如今，百老汇大街已经修得很长很长了，或许你会问：“那现在这条街是不是应当叫作‘百老汇长街’呢？”这条街有一段路，每到夜晚就灯火通明，宛如白昼，广告牌及几千盏电灯一起闪亮，于是许多人就非常形象地把这段街道比喻为“白色大道”。第五大道是时尚的天堂，你可以在这里找到全世界最昂贵、最有名的商店，因此，第五大道也被人称作“时尚大道”。纽约十分拥挤，许多人上班、下班都乘坐地铁。

即使纽约城的土地比世界上其他任何一个地方的土地都要昂贵，但这里还是建造了两个非常大的公园，城里的人可以在公园里享受独有的田园风情，这就是中央公园和布朗克斯公园。中央公园的长度大约有5个街区，宽度也有几个街区。布朗克斯公园中有一个动物园，里面生活着各种各样非常罕见的动物。这些动物都是猎人从世界各地捕捉来的，它们之前生活在高山、丛林、荒漠和千里之外的地方。

● 自由女神像 ▲

● 布鲁克林大桥 ▼

人们坐船离开纽约时，与自由女神像挥手告别的场景

一次，一个外国人来到了纽约，他欣赏了一天纽约的风景。晚饭前，他想开车去尼亚加拉瀑布，因为很多人都说尼亚加拉瀑布是世界上最壮丽的瀑布。这时有人告诉他，如果从纽约城出发，得坐一晚上的火车才可以到达尼亚加拉瀑布。他听后十分惊讶。

“尼亚加拉瀑布难道不在纽约吗？”他疑惑地问道。

“在纽约没错，”有人告诉他，“只不过它不在纽约城，而是在纽约州的另一边。”

纽约州的西部有两个非常有名的湖泊——伊利湖与安大略湖，这两个湖泊的名字其实都是印第安语。从地图上来看，伊利湖位于安大略湖的下边，其实在现实中，伊利湖比安大略湖地势高了很多。伊利湖的水从一个高而宽的悬崖飞泻而下，流入安大略湖中，因此就形成了**尼亚加拉瀑布**。这个世界上有许多比尼亚加拉瀑布更宽更高的瀑布，但就数尼亚加拉瀑布最美

从伊利湖看到的克利夫兰天际线

● 安大略湖 ▲

● 尼亚加拉瀑布上的彩虹 ▼

丽、最出名，全世界的人都慕名来这里度假，为的就是一睹尼亚加拉瀑布的真容。瀑布发出的轰鸣声震耳欲聋，在几千米外就能听到。阳光明媚的日子里，从瀑布底部上升的水汽中还会显现出五颜六色的彩虹。尼亚加拉瀑布每天都会接待成百上千名游客，每1000名游客中——

358人会说："真漂亮啊！"

247人会说："真壮观啊！"

136人会说："真美啊！"

93人会说："真棒啊！"

45人会说："我完全不敢相信自己的眼睛呢！"

24人会发出"啊"的感叹词。

剩下的人都会发出"哇"的感叹词。

在瀑布的下方有一个非常大的桶，瀑布中的一部分水会流进桶里，在桶的底部有几个非常大的轮子，流水推动轮子，使得轮子转动，就可以发电了。再经过电线的传输，电就可以供我们使用了，例如机车、磨坊、家里的电器，以及附近水牛城的路灯，甚至一些离这里很远的地方都能够使用这里发的电呢！

自古以来，有很多人都希望坐在桶中，从瀑布的上面跳下来。还真的有一个人做了这件事，并且他成功了。但是，如果伊利湖上的船想驶进安大略湖的话，那可不能直接从上面跳到下面来。因此人们就开通了一条河，这条河就在瀑布的旁边，伊利湖与安大略湖被它连接起来，后来人们还在水中搭建了一些台阶，伊利湖上的船可以经过这条河慢慢地驶向下方的安大略湖，船只也能够从安大略湖向上行驶。这条人工开凿的运河被称为"韦兰运河"。

或许你会觉得奇怪，船为什么可以从那么高的地方开下来呢？又怎么开上那么高的地方去呢？人们修建的河里的台阶又是什么呢？人们把河里的那些台阶称为"水闸"。韦兰运河的水闸就像一个巨大的浴盆。你小时候是否在浴盆里玩过玩具小船呢？如果你玩过，就应该知道其中的原理：当你将水灌入浴盆时，水面升得越高，你的小船就升得越高；当你放掉浴盆里的水时，水面降得越低，你的小船也降得越低。

水闸和大船之间的关系就像浴缸和小船之间的关系一样。如果一艘大船想要从上方的伊利湖行驶到下方的安大略湖中，这艘船会首先开进最高处的第一个水闸。然后人们把水闸中的水放掉，水面降低，大船也就降低了。当水放完时，大船也就到达了水闸底部。此时，这个水闸下部的门就会被打开，大船会进入下一个水闸中。这个过程经过一次次地重复，大船就能够顺利到达安大略湖啦！如果一艘大船想从下方的安大略湖行驶到上方的伊利湖，这艘船就会进入最下面的第一个水闸，关上水闸门后，水闸中会注入水，随着水位上升，大船也会上升。水非常神奇，不论是木条还是大船，都可以浮在水面上。最普通的水，它的力量却比巨大的机器还要大，它能使最大的汽船浮起来，也能非常容易地托起最大的战舰，就像托起一片轻柔的羽毛一样。

如果一艘船只想开往纽约城的话，那么它要先经过韦兰运河，再通过那些“台阶”进入安大略湖，然后进入圣劳伦斯河，最后船只才能到达纽约城。圣劳伦斯河连接着大西洋和安大略湖。由于这条航线过于漫长，人们又开通了一条运河，将哈德孙河与伊利湖的水牛城直接连了起来，整个纽约州被这条运河贯穿了。正因为这条运河，大船才可以走近路——能从伊利湖上直接开到纽约城。**这条运河就是我们所说的“驳船[1]运河”，也是世界上较长的运河之一。**

[1] 驳船：一种没有动力推进装置的、无自航能力的、靠机动船带动的船，主要用于客货运输。

新英格兰

● 波士顿

如果我们的帽子、鞋子或汽车已经使用了1年的话，那就不算是新东西了，但是美国有一个地区，它已经有约400年的历史了，名字里却仍旧有一个“新”字。约400年之前，一些英国人漂洋过海，来到了美国的北部地区定居下来。美国北部的那6个州被他们称作“新英格兰”。在当时，当地的印第安人想说那些外来的人是“英国人”，但是发音不太标准，只能够发出“英格兰人”的音。就好像人们刚开始学说话的时候，叫“哥哥”时发音不标准，有可能说成“的的”。因此，现在新英格兰地区的人仍叫“新英格兰人”。这个地区包含的6个州的面积都很小，它们加起来还不如西部的一个州大。虽然这些州面积不大，但是非常了不起。

● 轮毂

在这个地区最重要、面积最大的城市是波士顿，它是以英格兰的一个小镇命名的。很多人将波士顿称为“轮毂（gǔ）”，在他们的思想中，整个世界是围绕着波士顿转动的。你知道“轮毂”是一种什么东西吗？车轮的中心就是“轮毂”，车轮的其余部分都围绕着“轮毂”转动。当然，波士顿不可能是世界的轴心。其实，地球是以南极和北极的连线作为轴转动的，这两个极点才是地球的轴心。人们所说的，地球绕着波士顿转动只是一个玩笑而已。

如果一个地方天寒地冻，土地中的石头非常多，那么这里一定不适合种

● 磨坊

庄稼。新英格兰地区的冬天十分寒冷，并且土地中有很多石头，当地人甚至能用从田地里捡回来的石头堆成石栅栏。因此，这个地方不适合种庄稼，但当地的瀑布很多，水能够让工厂的机器转动起来，因此人们就能在这个工厂里制造各种各样的东西。新英格兰地区就是一个十分庞大的制造工厂，美国其他城市使用的各式各样的东西，在这里都能制作出来——大到匹兹堡的大桥、铁轨，小到我们平时用的钟表、别针、袜子、鞋子等，应有尽有。从前，我们把这种用水推动轮子转动产生动力进行生产的工厂叫作“磨坊”。现今，当地瀑布的水力大部分用来发电，工厂有电，机器就能正常运转。人们已经习惯了这种叫法，依旧把这些工厂叫作“磨坊”。

当我还是个小男孩时，总感觉天天光脚丫是世界上最幸福的事情，你是否也曾这样想过呢？在有些国家，不论是穷人还是富豪都光着脚走路，但是在美国，差不多所有人都穿着鞋子。新英格兰地区有一些工厂主要就是生产

● 哈佛大学 ▲

● 耶鲁大学 ▼

鞋子的，那个地方生产的鞋子足够供应给所有的美国人。我们知道，鞋子穿的时间长了会破，因此这些工厂日复一日地做着鞋子。新英格兰地区的康涅狄格州生产大量别针，够所有美国人使用100年。或许你会问：生产那么多别针干什么呢？别针不像鞋子那样容易用坏，为什么还要生产那么多呢？别针当然不容易用坏，但是它非常容易被弄丢，据说平均每年人们会丢失几十亿枚别针。

当然，那里还会生产很多其他的东西，比如样式各异的钟表：有美丽精致的腕表、小巧玲珑的钟，还有大型钟塔上的钟。当地的主要产品还有线团，有一家工厂一天所生产的线就能环绕地球一周，那可相当于约40000千米呢！

你在假期通常会到哪里游玩呢？山里、沙滩，还是农庄？新英格兰地区是一个度假宝地，有很多漂亮的湖泊和瀑布，世界各地的游客都希望去那儿旅游。人们可以在很多漂亮的景点露营，在清澈的河流钓鱼，也可以在缅因州的大森林里打猎。新罕布什尔州有一片叫白山的山脉，这个山脉中有一座山是用美国第一任总统的名字命名的，叫“华盛顿山”。华盛顿山是这个地区最高的山峰，很多人都喜欢来华盛顿山登山。佛蒙特州名字中的“佛蒙特”有“绿色山脉”的意思，这个州真的有一条绿山山脉。绿山山脉不如白山山脉高，但是它异常美丽。新英格兰的沿海地区是一片避暑宝地，在夏季，美国的其他地方都非常热，可是那里却很凉爽。

当地的大学应该是新英格兰人最引以为傲的。那里的工厂可以生产各式各样的产品，大学则能培养各种专业精深的优秀人才。**新英格兰地区有全美国最出名的两所大学——位于马萨诸塞州的哈佛大学和位于康涅狄格州的耶鲁大学。**[1]**美国历史最悠久的大学就是哈佛大学。**

❶哈佛大学和耶鲁大学是世界上著名的大学。

马萨诸塞州沿海有一个地区的形状就像一根弯弯的长手指，它伸向大海，好像在引导人们穿过海洋，前往马萨诸塞州。这个地区被我们叫作“科德角”。当地海域盛产鳕鱼，人们大量捕捞鳕鱼，并将它们晒干，然后出售到世界各地。

科德角不但吸引了新英格兰人，而且吸引了很多来自世界各地的人。如今，新英格兰地区的工厂里有来自世界各地的工人，他们讲着不同的语言。当地有四分之一的人不是来自英国，严格来讲，他们并不算是“新英格兰人”。

五个大水坑

不知道你是否想过：在蚂蚁看来，一不小心我们就会踩到它们建造的房子，那我们是不是巨人呢？在小蚂蚁的眼中，一个小水坑又是什么样的呢？

在美国的北部有五个非常大的水坑，在地图上看就像是一个巨人把一把雨伞立在地上，水从伞上流下来形成了这些水坑。这五个巨大的水坑被我们叫作**“五大湖”，美洲最大的湖泊就是这五个湖。**但是，在腿有1.6千米长的巨人眼中，这些湖就像五个小水洼，稍微一抬腿就跨过去了。不知道你是否还记得前一章里我们提到过其中的两个湖——**安大略湖和伊利湖。**还有两个湖的名字也是印第安名，其中一个是**密歇根湖**，“密歇根”在印第安语中有“大湖”的意思；另一个叫**休伦湖。五大湖中最大的湖是苏必利尔湖。**在这五个湖中，只有密歇根湖整个都在美国境内，它完全为美国所有，其他四个湖是美国与它北部的邻国共同拥有的，那个国家就是加拿大。这四个湖恰好在美国和加拿大的交界处，每个湖两个国家都各拥有一半。

苏必利尔湖不仅面积是最大的，地势还是最高的。苏必利尔湖的湖水经过圣玛丽河飞泻直下，形成了一个非常大的瀑布，瀑布中的水流入休伦湖中。这条瀑布被我们叫作“圣玛丽急流瀑布”，瀑布的水流下来的时候是活蹦乱跳的。这条瀑布并没有尼亚加拉瀑布的地势那么高，但是船只也不能从上面直接开下来。人们同样在瀑布附近开通了一条运河，运河中也有水闸，船只能随意地向上或向下行驶。在那里，有非常多的船只来往穿梭，一条运河不能满足人们的需求，因此人们就开通了五条运河。

五大湖上有些船非常庞大，像在大海上行驶的船一样。五大湖的确就像是缩小的海洋，所以船只有这样建造，才能在湖里安全地航行。当然二者也有差异，湖里的水不含盐分，是淡水，而海里的水是盐水。

到五大湖度假的人非常多，人们在那儿尽情享乐，但是大部分船只上的乘客往来这里的主要目的是做买卖。这里所说的买卖是指运送东西，也就是我们平时所说的“货运”。用船运东西与用火车运相比，可以节省很多钱，一艘船能够装载非常多的东西，甚至几列火车装的东西都不如一艘船多，并且火车一定要有铁轨才能运行，而船只要在水面上航行就足够了。正因为船运的运费非常便宜，因此只要能用船，人们大都会选择水运。当然，只有在湖边或海边的人才能享受船运带来的便利。

所幸的是，50个州中的8个州都在五大湖旁边，当然其中的几个州与五大湖相连的地区非常小。密歇根州与五大湖的联系最为紧密，除了安大略湖之外，其余四个湖都与密歇根州距离非常近。

你还有印象吗？我们曾在之前的内容中提及印第安人中的“波托马克”，也就是我们所说的商人。这些人非常会做买卖，他们经常划着独木舟在河面上来往穿梭，用他们手头上的东西去换自己想要的东西。五大湖区的印第安人从前也是用这种方法忙碌地做着生意。印第安人的独木舟是将一根树干凿空而制作的，如今，很多运货船比当时的独木舟大了几千倍。这些巨大的货船装满了货物，从湖的一头航行到另一头，在不同的地方卸下当地人想要的东西，然后装上别的东西航行回去。

大多数船只都从苏必利尔湖一端的德卢斯开始航行。人们从德卢斯西部用火车运来小麦，从附近的矿区运来铁矿，湖边的大型机械就会用它那巨大的“手臂”把整车的小麦和铁矿都放在船上。与密歇根州相邻的苏必利尔湖地区的人们会在船只上装上钢铁和铜矿石，航行过圣玛丽运河，在位于休伦湖和伊利湖之间那个叫作底特律的地方卸下船上的货物，或者把铁矿石运输到伊利湖上的水牛城和克利夫兰。当这些船将货物卸下后，有时会装上美国东部或新英格兰地区生产的东西，有时会装上宾夕法尼亚州出产的煤，然后运送回德卢斯。

冬天到来时，湖上所有的船只都会停止运输。在这个地区，冬天异常寒冷，湖水会结冰，船只是无法通行的。

● 冬季湖面结冰的底特律

在这个世界上，每秒钟大约会有4个婴儿诞生，**在底特律，每分钟就可以生产十几辆汽车。**世界上的大部分汽车都是在底特律生产的。在底特律的汽车制造工厂，一面进去的是皮革、木材、钢铁等原材料，另一面出来的就是线条完美的汽车。这些工厂每天的产量有上千辆，所生产的汽车通过船只被运送到世界各地。

我现在坐的椅子历史悠久，在我出生之前它就存在了，它是用密歇根州的木材做的，密歇根州与我相距约1600千米。很久之前，密歇根北部被一片茂密的森林覆盖着，那里的树木非常适合用来做家具。当地制造了很多家具，特别是一个叫作“大急流城”的地方，那里制造的家具比世界上的任何地方都多。你可以仔细看看家里的家具，或许也有大急流城制造的。你只需要看一看家具的底部，上面如果贴着“大急流城制造”的标签，那一定是在大急流城生产的。当地人因为做家具砍伐了很多树木，以致现在那里的人要做家具，只能从其他地方进口木材了。

密歇根湖附近有两个州挨得很紧密，简直就像两个小孩子挤在同一个小窗口，探出小脑袋向外张望。那就是伊利诺伊州和印第安纳州，它们合在一起简称“伊印”。伊利诺伊州位于密歇根湖的南边，美国的第二大城市——芝加哥[1]就坐落在那里。“芝加哥”同样也是印第安名。**芝加哥的铁路是最忙碌的，**大多数在美国国内行驶的火车都会在芝加哥停留，或者从芝加哥出发，一列又一列的火车装载着乘客和货物，穿梭于美国不同的地区。

❶目前，芝加哥已经退居为美国第三大城市，而美国第二大城市为洛杉矶。

世界上生存着成千上万种动物，但人们吃得最多的是三种动物的肉，那就是猪肉、牛肉和羊肉。美国人平均每年要吃掉好几百万只动物呢！**在芝加哥附近以及远处的一些州，人们饲养着大量猪、牛和羊。**如果要饲养动物，就必须有饲料，最好的饲料就数玉米了，动物吃了玉米能很快长肉，并且肉质鲜美。美国有很多州都种植玉米，而艾奥瓦州种植的玉米是全美国最多的。因此，人们把艾奥瓦州称为“玉米州”。芝加哥在其他州购买玉米饲养动物，把动物加工成各种肉制品存储在冷库中，用轮船或汽车运送到美国的其他地方，甚至有一些还会出口到欧洲。芝加哥堪称“肉店”。我早上吃的猪肉、中午吃的火腿三明治和晚上吃的烤牛肉全来自芝加哥。

百川之父

我们曾在前面提到过美国最大的海湾，即被称作“百川之母”的切萨皮克湾。在美国，还有一条最长的河，我们把这条河叫作“百川之父”，它就是密西西比河。你们要注意，这条河的名字中有两个“西”字，千万不要记漏了。

假如让你分别画一棵没有叶子的树和一条河，你会怎样画呢？画树的时候，或许你会像左边的图片一样，先画它的树干，然后画上那些比较粗壮的树枝，再画一些比较细小的树枝，最后再加上一些非常细小的树枝。画河流的时候，或许你只会画一条波浪形的曲线吧？其实这两幅画应该不会相差太多，因为树木和河流是一样的，它们都有一条主干，在主干上还有很多大小不一的分支。当然，在地图上你不可能看到河流的所有分支。

但是，树木和河流还是有区别的：树木是自下而上生长的，河流则是全部的支流一起汇集到主流之中；树木中的水是自下而上，从根部流到顶部的，但是河流中的水却是自上而下流的。假如一条河没有支流，那么它的宽度就永远不会变，只有有支流的河才会越来越宽。**美国最大的河——密西西比河，**它的源头就是美国最北部的一个小湖，它就是明尼苏达州的伊塔斯加湖。密西西比河一路向南狂奔，在途中经常有其他的河流汇入，最后再汇入墨西哥湾中。密西西比河将美国分为大小不等的两部分，河流东边的面积大约是河流西边的一半。

密西西比河一路上“克服”了很多艰难险阻，最终才到达了墨西哥湾。在墨西哥湾的入海口处，有很多巨大的磨坊伫立在那里，在水的推动下，磨坊的轮子“呜呜”地转动着。这里的磨坊是用来碾小麦的。小麦碾过后会变成面粉，然后就可以用来制作面包了。密西西比河的源头以及周边各州小麦的产量十分丰富，这里生产的小麦是全世界最多的，也是质量最好的。

像我这样在城里长大的人，感觉1英亩（约4047平方米）的面积应该是一块非常大的土地了，100英亩应该是十分广阔的，1000英亩简直就是无边无际了。而明尼苏达州有些种小麦的农田的面积仅一块就达到了10000英亩，仅仅一块农田就有10000英亩啊！如此大的农田，农民一定不会自己种小麦、割小麦了。通常他们都要使用机械犁具耕作，一排10个犁具一起开工，场面相当壮观。除了耕田之外，种小麦还有很多其他的农活儿要做，比如收割成熟的小麦或将麦秆和麦穗分离，这些农活儿都是用机器完成的，直到小麦最后被磨成面粉。

密西西比河两岸的瀑布旁边有两个面积差不多的城市，这两个城市之间由一座大桥相连。由于这两个城市的大小几乎相同，因此人们称之为“双子城”。其中一座城市叫作明尼阿波利斯，意思是“水城”，就像安纳波利斯意为“安娜之城”一样；另一座城市是圣保罗。或许你们已经发现，密西西比河和五大湖区附近的城市都是按照基督教圣人的名字或印第安语命名的。

● 密西西比河流经新奥尔良

NATCHEZ

那是因为最早来到美国的人中有一些牧师，他们来到这里向印第安人传播基督教，因此就按照印第安语或基督教圣人的名字给很多地方取了名字。

“水城”明尼阿波利斯是世界上面粉产量最高的地方。明尼苏达州以及附近的各州是全世界小麦产量最高的地方。

密西西比河沿途还经过其他城市。在这些城市中最大的就是圣路易斯，圣路易斯也是基督教圣人的名字。密西西比河最大的两条支流就在圣路易斯附近，一条是在西方汇入的密苏里河；另一条是在东方汇入的俄亥俄河。两条河都是根据它们所在州的名字命名的，“密苏里”和“俄亥俄”也是印第安语。密苏里河不仅特别长，而且非常宽，从河的源头到汇入密西西比河的地方有长达约6400千米的路程。有时候人们根本无法区分到底密苏里河是密西西比河的支流，还是密西西比河是密苏里河的支流。当然，如果把密苏里河与密西西比河的长度相加，那一定是世界上最长的河流。

随着沿途的支流逐渐增多，密西西比河越往下游越宽，水流量也越来越大。春天，冰雪消融，降水丰富，又有大量的水流随着各支流汇入密西西比河中。密西西比河的水量大增，偶尔会将河岸冲垮，引发洪灾。所以人们就在那些可能发生洪灾的地方修建河堤，这样的河堤被称作“防洪堤”。有时候，由于河里的水势过大，水位过高，防洪堤也会被冲垮，造成洪水泛滥。洪水泛滥会使城镇、房屋、农田和当地的居民被洪水冲走，形成自然灾害。

新奥尔良是密西西比河流入墨西哥湾前经过的最后一个城市。我们将河流入海的地方称为“河口”。我一直不明白为什么要把它叫作“河口”。我们在喝水时，水由嘴进入体内，但是河流的水是沿着河口流出来的。密西西比河的河水中含有大量淤泥，淤泥在河口堆积，形成了几个小岛屿，河水若想汇入墨西哥湾中，必须绕过小岛。因此，密西西比河的河口其实有很多。

密西西比河的源头在美国的北部，那里的冬天十分寒冷，河水越往南流，流经的地方就越温暖。其中一个暖和的地区被人们称为“迪克西兰”。

在全年气候适宜的新奥尔良，圣诞节[1]也能看到盛开的鲜花。在密西西比河发源地附近生活的差不多都是白种人，但是随着河流流入南部的迪克西兰地区，你会发现岸边的黑人数量在逐渐增多。他们的工作主要是种植棉花，就像那首歌里唱的——“迪克西兰，就在白棉花盛开的土地上”。迪克西兰是全世界棉花产量最高、种类最丰富的地方。但是，传说在一开始，美国并没有棉花，美国最早的棉花是由英国一家棉布工厂带到马里兰州的，一开始种棉花只是为了欣赏棉花盛开时的美景。

❶圣诞节：西方传统节日，在每年的12月25日。

棉花的植株是矮小的灌木，它的花朵被包裹在一个个白色的棉球中，棉球里还有很多颗粒很小的种子。棉球被摘下来后，一定要将棉花和种子分离，才能将棉花纺成棉线。棉线可以用来制作棉布，棉布可以做成棉鞋、棉衣和毛巾，当然还可以制成很多别的东西。只要你稍微开动脑筋思考一下，就能想到很多种棉质产品呢！在过去，棉质的东西非常昂贵，因为人们把种子和棉花分开得花很长的时间。后来，一名男教师发明了一种新型机器，很快就能把棉花和种子分离出来。黑种人将这种机器称为“轧棉机”，自从轧棉机问世，棉质的东西就非常便宜了。现今的我们简直难以想象，如果没有棉花，人类过的日子会是什么样的。

青春之泉

冬天到了，鸟类会飞到温暖的南方过冬。美国北方的冬天十分寒冷，所以一些人也会去南方过冬。佛罗里达州在美国的最南部，它在地图上的形状就像一只小狗的爪子，“佛罗里达”的意思是“鲜花之都”。在去往佛罗里达州的途中，你能够看到来自美国其他各大州的汽车。冬天的佛罗里达州也非常温暖，人们可以在这里沐浴阳光，尽情地在大海里嬉戏，绝对不用担心被冻得瑟瑟发抖或打喷嚏。前文说过，新英格兰地区是一块避暑胜地，而佛罗里达州恰好相反，是避寒胜地。我的一个朋友住在巴尔的摩，他冬天去佛罗里达州过冬，夏天到新英格兰避暑，一年中在巴尔的摩度过的时光只有几周。

很久很久之前，佛罗里达州没有白种人居住。相传有人在佛罗里达州发现了一股“青春之泉”。“青春之泉”有着奇特的魔力，老人只要喝点儿泉水或用泉水洗澡，就可以恢复青春容貌。正是因为听了这个传说，佛罗里达州才吸引来了一些白种人，从那以后，佛罗里达州才有白种人居住。但事实上，无论是佛罗里达州，还是世界上的其他地方，都没有“青春之泉”。但是，很多老人都说，在佛罗里达州度过了一个冬天之后，感觉自己真的变年轻了。

当然，并不是所有人都能在佛罗里达州尽情享乐。因为这里有非常多从世界各地过来游玩的人，因此，当地人要为来游玩的游客提供各种服务，有的人开酒店，有的人种植新鲜蔬菜运送到寒冷的北方地区。美国北方的冬天十分寒冷，人们吃不到新鲜的蔬菜，只能吃蔬菜制作的罐头或预先冷藏的蔬菜。我们时常说足球赛季、棒球赛季或篮球赛季，大部分的水果和蔬菜也是有生长周期的。如果塑料大棚不存在的话，西瓜只有在夏天才能结果。佛罗里达州四季都像春天一样，没有霜冻，从来不下雪，水果和蔬菜一年四季随意种植。当地人把反季节的水果和蔬菜运送到其他州，北方地区的人就能够在圣诞节吃到鲜美的草莓了，而且一年四季都能吃到萝卜、生菜和芦笋。

佛罗里达州最有名的水果是葡萄柚和橙子，这两种水果只能在无霜冻的环境下成长。葡萄柚的果实就像葡萄一样，是一簇一簇的，就好像一串又一串硕大金黄的葡萄，正因如此，它才被称为“葡萄柚”。人们刚开始吃葡萄柚时，认为它的味道太苦了，不如橙子那么甜美，总认为不能吃，后来人们都逐渐习惯了。佛罗里达州出产的葡萄柚是世界上最多的。

以前美国地图的南方并没有像“爪子”一样突出来一块，那时也没有佛罗里达州。当地的海水暖暖的、浅浅的，海里有数不清的动物，这些动物的体积非常小，就好像一小粒果冻，有的小动物身体中间有一块坚硬的东西，有的则有坚硬的外壳。这些动物死亡后，身上的壳就像下雨一样散落在海底，逐渐堆积起来，经过长时间的累积，造就了现在的佛罗里达州。佛罗里达州的土地十分肥沃，非常适合种植水果和蔬菜。有时候，当地人还会把当地的土壤卖给美国其他州的人去种植蔬菜。

在远古时代，人类还没有在地球上出现的时候，整个美国所在的大陆都被浸泡在海底，大部分地区形成的过程都和佛罗里达州相同，是由海洋动物的骨头和贝壳逐渐积累而成的。我们把这种含有骨骼和贝壳的岩石叫作石灰岩，因为这种岩石能够像石灰一样点燃。在时光的长河里，地球发生了许多次地壳运动，有些地方下陷了，有些地方上升了。美国所在的大陆正是由那些上升的地区所形成的。**或许你会问我如何知道美国曾经在海底呢？那是因为我们在美国的很多地方，包括一些海拔很高的山上，都发现了含有海洋动物骨骼和贝壳的石灰岩。**美丽的大理石就是石灰岩的一种，它也是由动物的骨头形成的。大理石可以被人们用来建造宫殿和房屋，也可用于制作墓碑和雕塑。

石灰岩

许多人在度假的时候都会去佛罗里达州。**位于弗吉尼亚州和肯塔基州的溶洞是美国著名的景点之一。**溶洞地面的石头都是石灰岩，肯塔基州的溶洞特别大，人们把它叫作“猛犸洞”。猛犸也就是我们通常所说的长毛象。平时我们会用“猛犸”来代表庞然大物。这些溶洞并不是人工开凿的，而是在水滴的作用下形成的。水能够使白糖溶解，这我们都知道，但或许你不知道水也能令石灰岩溶解。这些溶洞里的岩石全是石灰岩，猛犸洞看上去就像一个巨大的地窖，就算要把一整座城市放到猛犸洞里也是绝对没有问题的。你在洞里迷路的可能性非常大，很多年以前，有些人在洞里迷路后，就再也没有走出来，若干年后，人们在洞中发现了他们的遗骨。

溶洞顶部的水是一滴一滴向下滴的，每滴水中都含有已经溶解的石灰岩。逐渐在洞顶形成下垂的石柱，这些石柱被我们叫作“钟乳石”。水又沿着钟乳石向下滴，地面上也形成了一个个的石柱，渐渐地，洞顶下垂的钟乳石越来越长，地面上的石柱也越堆越高，经过很长时间就有可能碰到一起了。洞顶滴下的水也会在洞底形成水池，水里生长着一种极不寻常的鱼。由于洞里非常阴暗，这种鱼用眼睛看不到东西，很长时间后，眼睛就逐渐退化了，最后变成了没有眼睛的鱼。但是，这种鱼依然会用以前长眼睛的部位来感知外界的信息。

钟乳石

大篷车

从前，密西西比河的东岸地区主要是美国人的活动范围，河对岸是一片广阔的荒凉土地。很少有人会踏足河的西岸，因为有许多印第安人生活在那里，还有许多凶猛的野兽，周围全是难以翻越的山岭。然而，为什么后来会有人去那里呢？这些人又是什么人呢？最早去那里的有猎人，他们是想去捕猎的；有牧师，他们是为了给印第安人传播基督教的；还有一些人仅仅出于好奇，想去看个究竟。

有一天，一个人告诉另一个人，他听人说在加利福尼亚州发现了大量的金子。加利福尼亚州地处美国最西部，紧邻太平洋。据说那里的金矿储量十分丰富，只要从河里捞出一盆沙子，就能从其中淘出不少金子。

原来那里有那么多的金子！于是，无数人放下手中的农具，关闭店铺，将被褥和干粮装上马车，背上枪，向着遥远的西部地区前进，加入淘金的浪潮中。他们还在车上搭起了篷子，像帐篷一样可以遮风挡雨，这就形成了后来人们所说的“大篷车”。当时的美国西部地区尽是凄凉的荒芜之地，没有道路和桥梁，更别提道路指示牌了。人们只能凭感觉寻找去往加利福尼亚的路，有的人病死在路上了，有的人在中途被印第安人杀死了，有的人走得晕头转向，找不到出路，最后因饥渴而死。当然，也有不少人历经千难万险，终于来到了传说中的加利福尼亚，他们通过淘金发了大财。**那一年正好是1849年，后来那些人就被世人称为“四九淘金者”。**

从那时起，人们开始在全国范围内修建铁路和公路，曾经荒凉的地方也建立起了村庄和城市，印第安人的性格也逐渐温和起来。印第安人的土地被白种人占用时，印第安人还会得到一些其他的土地作为补偿，这样的土地只是留给印第安人的，叫作“预留地”。就像我们平时在电影院看电影时，电影院里的“预留座位”一样。

从美国通向太平洋的第一条铁路就是从芝加哥出发的，顺着中央路线，到达旧金山。如今，从芝加哥出发，无论向北、向南，还是沿着中央前进，都能抵达太平洋沿岸。当年，“四九淘金者”驾着他们的大篷车，历经数月才能到达太平洋沿岸，可是如今我们坐飞机一天之内就能到达。

过去人们经常说：“年轻人，如果你想发财，就去西部吧！”那时候的确有很多人去了西部，不过他们并不都是为了那里的黄金而去的，也有人是为了那里大片的田地。当时的美国政府规定，如果有人自愿去西部种植玉米，就能够免费得到那里的土地。有的人去了密西西比河西岸的得克萨斯州、俄克拉何马州和其他一些地方，随后他们发现田地里不断向外冒出一种油，那样的土地不能种玉米。这种油还影响了那里的水质，牛、马都喝不上水，因此他们离开了那里，搬到了美国的另一些地方。

世界上一共存在三种油——动物油、植物油和矿物油。你以前是否玩过一个叫“动物、植物和矿物”的小游戏呢？这个游戏非常有意思。游戏里有一个人要扮演“老人”的角色，负责说出口号。只要“老人”喊“植物”，你就一定要在10秒钟之内说出一种植物，无论什么植物都可以，比如黄瓜、土豆、番茄等。如果喊“动物”或“矿物”也是一个道理，这个游戏中所说的“矿物”是指除了动物和植物以外的东西。如果在10秒钟之内你还说不上来，那么你就要遭受惩罚了。在这儿，我教你一个聪明的小技巧，无论你听到的是“动物”“植物”还是“矿物”，只要你说“油”，那就一定正确，因为我们刚刚说过，世界上有动物油、植物油和矿物油三种油。

鱼肝油等动物油和橄榄油等植物油都是非常好的食用油，但是岩石中流出来的矿物油是不能吃的。后来人们发现，这种**矿物油可以燃烧，并且会释放出大量的光和热。**因此，汽车诞生了，**我们可以从矿物油中提炼出汽油，汽车使用汽油就能够奔驰了。**如今，**人们还将矿物油制成各式各样的其他产品，如燃料、香水和药物等。**曾经放弃西部那些田地的人猛然醒悟过来，那些矿物油非常值钱，能够使他们赚大钱，比养动物、种庄稼赚的钱多得多。

因此，人们就开始挖油井，开采矿物油。有些地方没有油井，矿物油也会自然喷涌出来，这种地方被我们称为“自喷井”。那种从岩石中喷涌出来的矿物油被叫作“石油”，它的意思就是“石头中的油”。

如果你沿着中部的铁路出发，穿过“玉米州”艾奥瓦州那无边无际的玉米地，再穿过内布拉斯加州，渐渐地，地势越来越高，最终你就会到达科罗拉多州。科罗拉多州是用西班牙语“科罗拉多”命名的，意思是“红色”。科罗拉多州坐落于美国最大的山脉——落基山脉的山脚，州府是丹佛，丹佛离芝加哥的距离和离太平洋的距离差不多。

● 挖油井 ▲

● 落基山脉 ▼

如果你的心肺功能非常强，只要你愿意，你就能够从离丹佛不远的地方出发，最终登上落基山脉的顶峰。尝试登顶的第一人叫派克，虽然他在中途放弃了，但是他登过的那个山峰还是被人们命名为“派克峰”。派克登山时的装备十分简单，要想登顶非常困难。但是如今每年都有上万人登上山顶，甚至人们还举行比赛，看谁登顶的速度更快。派克峰高耸入云，山顶上一年四季被白雪覆盖。海拔越高，空气就越稀薄，人们越往上攀登，呼吸会越困难。因此，刚才我说过，若想登顶就必须有很强大的心肺功能。在山顶上，有很多人甚至连站都站不稳，只能坐在那里，气喘吁吁，简直就像刚跑完长跑一样。在山上，人们的心跳会加快，能清清楚楚地听见自己的心跳声，有些人甚至会因缺氧而晕过去。现在已经开通了通往山顶的铁路和公路，因此，坐车登上派克峰也是个不错的选择。上山的铁路十分陡峭，在一般的铁轨上，火车一定会像雪橇一样滑下来。为了避免这种状况的发生，在两条铁轨中间，人们铺设了一条特别的齿轨，同时，经过此处的火车车轮上带有齿轮，行驶时，齿轮一个挨一个卡着齿轨走，这样，火车就不会滑下去了。

仙境

相信你一定读过《爱丽丝梦游仙境》这个童话故事，故事中讲到了仙境。在美国西部真的有一个“仙境”。仙境中的一个奇迹是一条河，就是我们平时经常说起的科罗拉多河。但是**科罗拉多河并不在科罗拉多州，而在亚利桑那州。**

科罗拉多河的河谷是全世界最深的，最深的地方达到了1.6千米。这条河谷被美国的西班牙裔居民叫作“峡谷”。如果你站在科罗拉多大峡谷边向下望，流淌在1.6千米下的科罗拉多河看上去就和一条细线一样。不知道你是否知道，科罗拉多大峡谷是科罗拉多河慢慢地冲刷出来的。在这里，你能够看到地面以下1.6千米的地方到底是什么样的。当时我去那里游玩，我曾问过导游大峡谷两侧相隔多远。

“哦，”导游回答我，“非常远呢！”

如果你站在峡谷的一边，你就能够看到另一边差不多高达1.6千米的岩壁。岩壁并不是普通的灰色墙壁，它是由一层层的岩石累积起来的，岩石是五颜六色的，有红色、黄色、橙色、紫色和绿色。在温暖的阳光下，斑斓的色彩非常美丽。墙壁上的岩石都是砂岩或石灰岩，过去都是沉积在海底的。

● 科罗拉多大峡谷

因为岩石中含有铁、铜等矿物质，每一层岩石都分布着不同的颜色。如果岩石的成分中有铁，在水的冲刷作用下，岩石中的铁就会生锈，岩石会变成铁锈的颜色；如果岩石中含有铜，那么就会变成绿色。正因如此，岩壁上的岩石才是色彩斑斓的。

到那里游玩的时候，我买了一根旅游纪念铅笔，铅笔的顶部有个针眼大小的小孔，用一只眼睛向里看，就能够看到一幅整个科罗拉多大峡谷的图画。是不是非常神奇？仅仅透过一个小孔就能看到如此壮观的大峡谷。那是一个万花筒，你如果去那里玩的话，记得买一支那样的万花筒铅笔哦！

在一些较小的峡谷中流淌着的，是科罗拉多河的支流，在峡谷上面的岩洞里还有星星点点的房屋呢！很久之前，一些被称作“悬崖居民”的人就居住在这些岩洞里的房屋中，这里是安全的庇护所，能够躲避敌人的攻击。

科罗拉多大峡谷的北面是犹他州。有一个大湖静躺在犹他州，但是这个湖与之前我们提到的五大湖是不一样的。五大湖是淡水湖，而这个湖是咸水湖，因此它被人们称为“大盐湖”。其实从真正意义上说，这个湖算是一片迷你的海洋，因为大盐湖就像海洋，只有向里流入的河，没有向外流出的河。

大盐湖的水为什么是咸的呢？

其实原因和海洋中的水是咸的一样。

那么，**为什么海洋中的水是咸的呢？**

那是因为汇聚到大海的河流流经的地方含有盐分。当然，泥土的味道你应该没尝过吧？但是不排除你不小心摔倒时吃了一嘴的泥。当河水流经地面时，将一部分盐分带走，最后流入大海。其实每条河流带走的盐分并不多，你尝河水的时候一点儿咸味都尝不出来。但随着时间的积累，在众多河流汇集之下，盐分慢慢地被带进了海洋中。然后，海水蒸发，盐分却留在了

海里，海水就变得越来越咸了。

现在大盐湖中的水也越来越咸了，盐度甚至超过了海水。许多东西都能浮在水面上，因为**咸水比淡水的浮力更大。**无论你是否会游泳，在大盐湖中你都不会溺水。你能够站在水里，也能够坐在水中，甚至还可以舒服地躺在水里。当然你也应该小心哦，不要喝到咸水，你的身上也不能有伤口，咸水接触伤口会很疼的。海洋正在逐渐地变咸，要是有一天海水变得和大盐湖的水一样咸了，当发生沉船事故时，人们就能够像软木塞一样漂浮在海面上了。

科罗拉多大峡谷再往北是怀俄明州，怀俄明州有个地方，从地图上看就像“州中之州”，它就是**黄石公园**[1]。

❶黄石公园：美国国家公园，拥有丰富的自然遗产。它是世界上第一个国家公园，虽占地面积巨大，但交通较为便捷，被美国人自豪地称为“地球上最独一无二的神奇乐园”。

在怀俄明州，有许多珍奇的东西——有的漂亮，有的罕见，还有的有趣。美国政府认为，人们一定喜欢欣赏这些东西，因此就建造了黄石公园。当地有舒适的酒店、便捷的交通，方便人们去那里游玩。园里的野生动物自由自在地生活、繁衍。连熊也在黄石公园中生活呢！因为公园内是禁止捕猎的，所以动物们不用担惊受怕。

当地的天气一点儿也不凉爽，即使这是在地下。你在别的地方能喝到冰爽可口的泉水，但是黄石公园的泉水非常有可能把你的喉咙烫伤。有许多高温熔岩存在于黄石公园的地下，它们能把地下水加热至沸腾，地面上的泉水也随着热了起来。像这样的泉水在公园里有很多。

黄石公园中有一个叫黄石湖的大湖，你可以在黄石湖中钓一条鱼，然后将鱼放进旁边翻滚的泉水中，不一会儿，鱼就煮熟了。由于地下蒸汽的作

● 黄石公园

用，有些泉水过一段时间就会喷出来一次，我们把它叫作“间歇泉”。有的间歇泉十分壮观。其中有一个著名的间歇泉名叫“老实泉”，每隔 1 小时左右就喷发一次，好像一个巨大的水龙头向天空中喷洒美丽的水花。而且直到现在，它每次喷发的时间间隔都是相同的，不快也不慢，就像有人在旁边盯着时间，按时开关水龙头一样，因此人们才叫它“老实泉”。

拥有众多『之最』的西部

在那个地方有很多最大、最高、最好、最漂亮的东西，比如最大的李子、最好吃的橘子、最好吃的葡萄、最巍峨的山峰、最高大的树木，还有最怡人的气候。你猜猜这个地方是哪里呢？美好的东西那么多，莫非就是传说中的天堂？那一定是不可能的，其实这个地方就是拥有众多“之最”的美国西部。

加利福尼亚州这个名字是以某个童话故事中的小岛命名的，加利福尼亚确实是一片神奇的土地。那里就像童话故事中描述的一样，人们在加利福尼亚州的河里找到了许多金子。这是不是很神奇？这的确是真的。对于在美国东部生活的人来说，很多关于加利福尼亚州的美丽故事，现在听起来还带有传奇色彩。不知道你是否相信，加利福尼亚州有高耸入云的参天古树，粗壮的树干上有许多人工开凿的隧道，汽车可以从树上的隧道中通过，并且这些树十分古老，早在2000多年前，这些树就开始生长了。加利福尼亚的确有这样的参天古树，它们的名字就是“大红杉”。这些大红杉见证了地球历史的演化，如果这些树能开口说话，就像童话故事当中那样，那该有多好啊！这样我们能了解许多历史故事呢！

加利福尼亚州究竟有多少个“之最”呢？就让我们来数一数吧。

加利福尼亚州的跨度在美国是最长的，它是美国最长的州。如果你能将整个加利福尼亚州拿起来，铺到大西洋沿岸，那么它能从佛罗里达州一直延伸到纽约。这是第一个“之最”。

美国本土48州最高的山峰惠特尼山就在加利福尼亚州。这是第二个“之最”。

美国海拔最低的地区也在加利福尼亚州。它是一个山谷，低于海平面80多米。谷底干燥炎热，除了有角蜥蜴和有角蟾蜍外，没有其他的动物。有角蜥蜴和有角蟾蜍的生活环境都很炎热，越热，它们生长得越好。据说有角蜥蜴和有角蟾蜍还能在火焰里生活。当然，只有在童话故事中才会发生这种事情。这个山谷被人们叫作“死亡谷”。几乎没人愿意靠近死亡谷，曾经有少数人去谷中淘金，结果迷了路，再也没有出来过。也有人试着穿过死亡谷，但是他们在出来之前就因温度过高、缺水而死。正是这个原因，这里才被人们叫作“死亡谷”。这是第三个“之最”。

● 加利福尼亚州死亡谷的沙丘

除去死亡谷，加利福尼亚州还有一个地方号称美国最美丽的山谷。这个山谷的名字非常好听——优山美地。优山美地特别幽深，里面有许多漂亮的瀑布。有一个瀑布在落地之前全部变成水雾，看起来就像新娘的面纱，因此这个瀑布就叫作“新娘面纱瀑布”。优山美地的许多瀑布都比尼亚加拉瀑布高多了，有两个瀑布的高度已经超过了1.6千米，是美国最高的瀑布。**优山美地是最美丽的山谷，它还有着美国最高的瀑布。**这又是两个“之最”了。

加利福尼亚州优山美地公园

除了几个“之最”以外，加利福尼亚州还有最大的葡萄、最甜的橘子和最酸的柠檬。其实这些水果并不是原产于加利福尼亚的，在白种人来美国定居之前，当地的人根本吃不到这几种水果。大西洋彼岸的西班牙人是第一批来到美国的人，西班牙的柠檬和橘子产量十分丰富。这些西班牙人从祖国将柠檬和橘子的植株运到了美国，于是这两种植物开始在加利福尼亚州和佛罗里达州种植。

西班牙人在美国定居下来后，他们建造的房屋与西班牙的建筑风格十分相似，灰墙红瓦，庭中大院。他们还以**西班牙语命名了许多城市，比如“洛杉矶”，西班牙语中的含义是“天使之城”**。也有很多城市是按照圣人的名字命名的，比如圣弗朗西斯科（旧金山）和圣巴巴拉。由于那时来美国的西班牙人大多都是牧师，因此他们在美国建造了许多教堂，便于开展传教活动。

现在的“天使之城”是太平洋沿岸最大的城市，在它附近有世界上最出名的电影工厂好莱坞[1]。一年有365天，但是据说好莱坞一年有400天。这当然只是一种夸张的说法。很多精彩的影视作品都是在那里拍摄的，它的确是一片神奇的土地。好莱坞的空气非常好，阳光明媚，非常适合拍摄，并且附近地区还有各种各样美丽的自然景色，在那里拍摄影视作品时可以就地取景。要拍摄热带风景的话，当地就有漂亮的热带花卉和棕榈树；要拍摄冬日景象的话，旁边的山脉一年四季都白雪皑皑；要拍摄航海镜头或沉船场景的话，不远处就是大海。

❶好莱坞：美国洛杉矶市的一个地名，依山傍水，景色宜人。由于美国许多著名电影公司设立于此，故“好莱坞”一词往往直接用来指美国的电影工业。

洛杉矶北面就是旧金山，它的占地面积和洛杉矶差不多。1906年，旧金山发生了一次非常严重的地震，差不多整座城市都被摧毁了，很多人在地震中丧生。地震还引起了大火，已是一片废墟的城市在大火中几乎焚烧殆尽。有幸生还的人并未绝望，他们利用保险公司的赔款，重新将城市建立起来。

旧金山有一个港口，这个港口就在长达80千米的海湾边，来往的船只通过金门海峡在这里靠岸。旧金山建立在陡峭的高山上，因此在当地行驶汽车有些困难。但是，在山坡上建造房屋的位置十分优越，从那里能看到金门海峡和宽广的大海。金门大桥也是一架悬索桥，比之前提及的布鲁克林桥更大。

各式各样的船只在旧金山的港口来往穿行，有的船只还会跨越太平洋，到达对岸的国家，比如中国和日本。多数人是通过旧金山进入美国的，在旧金山有个地方叫“中国城”，就是我们经常听说的“Chinatown”（唐人街）。许多极具中国风格的商店、房屋和剧院屹立在中国城中。许多日本人也离开家乡来到美国生活，他们购买了农场，种植蔬菜和水果。

● 好莱坞

拥有众多『之最』的西部（续）

什么东西没有脚，跳得却和华盛顿纪念碑一样高呢？你先仔细想想，待会儿我们再揭晓答案。

华盛顿州和俄勒冈州之间有一条哥伦比亚河，它是以哥伦布的名字命名的。哥伦比亚河中有一种体形较大的鲑鱼。鲑鱼在海洋里生活，鲑鱼妈妈在产卵之前会跨越瀑布，游到哥伦比亚河的淡水中，将卵产在一个安全的地方。那么鲑鱼妈妈是如何跨越瀑布的呢？它们是跳上去的。或许你会问：鲑鱼并没有脚，它是如何跳上去的呢？答案就是：鲑鱼把自己的尾巴卷得像一根弹簧一样，随后“嘭”的一声，就能够跳得像华盛顿纪念碑一样高了。

“那里有和华盛顿纪念碑一样高的瀑布吗？”

“没有，那里的瀑布都是非常低的。”

“那你为什么说鲑鱼跳

得和华盛顿纪念碑一样高呢？”

“傻孩子，华盛顿纪念碑压根儿不会跳啊，哈哈！这是个脑筋急转弯啊！”

无数的鲑鱼每年都会成群地洄游到哥伦比亚河中，当地的渔民撒下渔网捕捉鲑鱼，但是他们只打捞其中的一部分，剩下的都会放生。这样鲑鱼妈妈就能顺利产卵，将更多小鲑鱼孵化出来，再从河中奔向大海。年复一年，鲑鱼就是这样繁衍生息的。鲑鱼有粉红色的肉，我们通常说的鲑肉色就是指这个。鲑鱼也可以制成罐头，如果你吃过鲑鱼罐头的话，那条鲑鱼很有可能来自哥伦比亚。

说到世界上古老的水果，那一定有苹果，苹果在很久之前就有了。很多人认为，华盛顿州出产的苹果非常好吃。华盛顿州出产的苹果被销往美国各地，人们都非常喜欢吃。这些苹果是顶呱呱的，印第安人形容好东西都会用“顶呱呱”这个词。

俄勒冈州和华盛顿州的森林都十分茂盛，将树木砍伐后，人们能够建造房屋，还可以生产纸张。我写这本书用的纸就是用俄勒冈州的树做的。或许你会问：“你是如何得知那些纸是用俄勒冈州的树做的呢？”我把纸朝着阳光，就能够看到纸张上印有“俄勒冈”三个字的水印。

阿拉斯加州位于美国的最北方，阿拉斯加州有北美最高的山峰——麦金利山。阿拉斯加州十分寒冷，去那儿要花很长时间。这个州原本不属于美国，是南北战争后期美国用几百万美元从俄国购买的。当地的鱼和其他动物皮毛的产量非常多，后来人们在那里还发现了金子。

金子似乎具有魔力。当阿拉斯加州发现金子之后，那场面就像“淘金热”[1]一样，无数人放下手中的事情，带着铁锹，不顾旅

❶“淘金热”：很久以前，有人在美国西部发现了金矿，吸引了许多不同身份的人前去“淘金”（呼应前文的“四九淘金者”）。

途遥远，前往阿拉斯加州淘金，希望能在新年之前发一笔大财。有些愚蠢的人办事很鲁莽，走的时候只带了一把铁锹，到了阿拉斯加州之后无法维持生计。他们事先没有想到，淘金的地方没有吃的，也没有商店。另一些人则非常聪明，走的时候带了很多罐头食品。结果那些愚蠢的人淘到金子后，只能用金子来交换食物；而那些聪明的人不用亲自动手，就把很多金子带回了家。

阿拉斯加州鱼产量十分丰富，印第安人就生活在鱼类丰富的地方。他们的居住地分为一个个小村庄，每个村子中间都会竖起一根很长的柱子，柱子上刻画着鸟类或其他动物的图案，这些动物的脸都又大又奇怪。这样的柱子被我们叫作“图腾柱”。每个家族或部落都有属于自己的吉祥物，比如熊或鹰等。就像你把自己建立的小俱乐部命名为“雄狮俱乐部”或“雄鹰俱乐部”一样，图腾柱就是部落的象征。

幸运的话，在阿拉斯加州北方，能看到夜空中出现非常漂亮的景象：斑斓的光束像火焰一样从地面插入高空，十分壮观。我第一次看到这样的景象还是很小的时候，我的身边仿佛燃起了熊熊大火，我当时还以为那是世界末日呢，长大后才知道那叫“北极光”。阿拉斯加州常常会出现北极光，在南部地区或许一辈子只能看到一两次。如果你从来没见过北极光，第一次见到它很可能会感到恐惧，但是北极光就像漂亮的彩虹和夕阳一样，对人类是无害的。

北极光从何而来呢？这个问题到现在仍未得到解答。许多科学家研究了很长时间，但是仍然没有找到答案，只知道北极光与电和太阳黑子有关。[1]你听说过太阳黑子吗？太阳上有时会出现一个个黑点，在太阳表面缓慢地移动，这就是太阳黑子。太阳光十分强烈，因此我们用肉眼不可能看到太阳黑子，在特殊的望远镜下，那些黑子才会暴露无遗。太阳黑子研究人员的望远镜镜头用的是暗色镜片，对眼睛有保护作用，里面有特殊的照相机，能将太阳黑子的活动情景拍摄下来。每当太阳黑子出现时，就会出现异常明亮的北极光，所以研究人员认为很可能是太阳黑子导致了北极光的出现。

对于北极光，我只知道这么多。小孩子常常会问：“我们的想法是用什么做的呢？”北极光的成因就和这个问题差不多，很难给出准确的回答。

❶现代物理学对极光产生的原理有详细描述，地球上的极光是由于来自地球磁层或太阳风的高能带电粒子被地磁场导引带进地球大气层，并与高层大气（热层）中的原子碰撞造成的发光现象。极光不只在地球上出现，太阳系内的其他一些具有磁场的行星上也会出现极光。

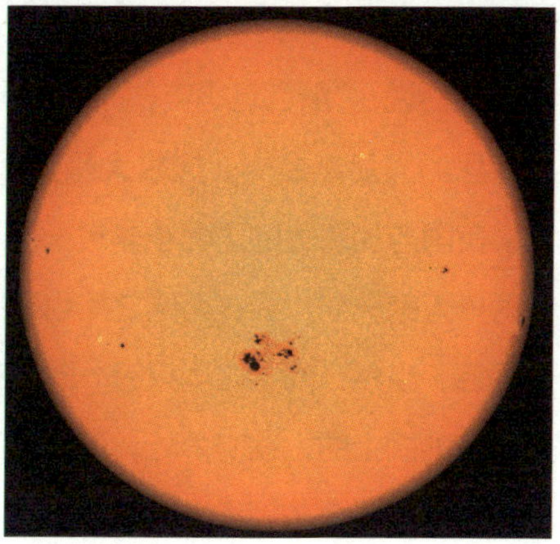

太阳黑子

美国的邻居

俗话说：“篱笆筑得牢，邻居处得好。”其实能否与邻居和睦相处，还得看邻居的人品怎么样。**加拿大是美国北部的邻国，它的领土面积比美国更大。**美国与加拿大的国界线非常长，从大西洋沿岸一直到太平洋沿岸。如果像两户人家一样，要在两国之间也建起一堵篱笆墙，那就需要长达数千千米的篱笆。当然，两国之间只有一条虚拟的国界线。国界线不是画在地上，而是画在地图上的。在交界处，两国立下了一块石头，上面写着“加拿大和美国一致同意永不交战”。这只是一个“君子协定”，我们把这样的石头称为“和平石”。

孩子在抢东西的时候经常说“谁捡到归谁”。最初是法国人发现了加拿大；但英国认为那块土地是自己的，因此就和法国发生了战争，将加拿大抢走了。当然那是多年之前的事了，如今生活在加拿大的法国人仍然有很多，加拿大的魁北克市，说法语的人远比说英语的人多。

我过去曾养过一只纽芬兰犬。它的体形非常大，身上有厚厚的一层毛，一顿饭要吃很多食物。在加拿大大西洋沿岸的纽芬兰，人们发现了这种犬类。是一个英国人发现了纽芬兰，而它现在属于加拿大。

纽芬兰沿海有一片非常浅的海域，叫大浅滩。大浅滩非常适合捕鱼，人们在那里能捕捞到很多鱼。数不清的渔船在大浅滩附近来往穿行，每次都满载而归。浓雾经常弥漫在大浅滩附近，使那里的能见度很低，有时候大型汽船看不到小船，稍不注意就会撞到小船，造成沉船事故。

● 纽芬兰沿海

加拿大土地辽阔，人烟稀少。加拿大北部的冬天十分寒冷，大多数人居住在与美国邻近的南部地区。这些地区的加拿大人生活习惯和美国人十分相似，种植的农作物也大都相同。**加拿大和美国都是世界上主要的小麦生产国。**

加拿大有一个大型铁路公司，名叫加拿大太平洋铁路公司。这个公司修建的铁路横穿整个加拿大，从大西洋直接延伸到西部沿海的温哥华。铁路的尽头有发达的交通运输线，太平洋和大西洋上都有负责运输的大型汽船。铁路沿线的所有酒店都是加拿大太平洋铁路公司开的。其中的一段铁路沿线有一处非常美丽的风景——那就是落基山脉和路易斯河。那个地方景色秀丽，吸引了许多游客去那里度假，同时也是新婚夫妇度蜜月的理想去处。

不会有多少女生喜欢狼或狐狸这一类野生动物，但是她们却很喜欢这些动物的皮毛，花重金购买皮草。加拿大有一个与墨西哥湾大小接近的海湾，名叫哈德孙湾，是以发现该海湾的人命名的。哈德孙河也是那个人发现的，除此之外，哈德孙湾和哈德孙河没有任何关联。冬季的哈德孙湾被冰雪覆盖，整个地区十分寒冷，只有少数捕猎者在那里居住。在当地生活的野生动物冬天不能和我们一样穿大衣保暖，只能靠身上那层厚厚的皮毛过冬，皮毛就是它们最好的保暖衣。猎人捕杀狐狸、野狼和其他动物，剥下它们的皮，制作成皮草后，高价出售给爱美的人士。这些猎人都是来自经营皮草贸易的哈德孙湾公司。

美国有很多州，加拿大则有很多省。加拿大国内一共有10个省，最主要的是以安大略湖命名的安大略省。除密歇根湖外，安大略省与五大湖中其他四大湖都相邻。**加拿大的首都渥太华**就在安大略省。加拿大是英联邦国家，英国会派一名总督前往加拿大参与管理国家事务。

在加拿大，越往北气候就越寒冷，最北端的地区由于气候太过寒冷，许多树木不能生长，只有一些云杉、松树等，并且全年不会落叶，这样的树叫作常青树。常青树的木材质地柔软，一般用来造纸。枫树、橡树等不能在寒冷的地区生长，在秋季就会落叶，这样的树木材质坚硬，是制作家具的好材料。

报纸和书籍所使用的纸张都是用树木制成的。要供应一个城市一天发行报纸的纸张需求，就需要几千平方米的树木呢。美国印刷报纸所用的纸都来自加拿大，你可以想象为了让美国报纸每天都顺利发行，加拿大的树木减少的速度有多快！当地人每天都要砍伐很多树木，做成木浆，然后制成纸，大量运送到美国。这样，我们每天才能看到各种各样的报纸。就如同我们吃小麦、动物吃玉米一样，每个出版社和报社每天都要“吃”掉很多的树木。

我记得第一堂地理课上就学到了许多有关因纽特人的知识。因纽特人居住在冰天雪地中，用冰雪建造房屋。他们通常会在冰面上打一个洞，然后从洞里钓鱼。有很多因纽特人在加拿大东北角的拉布拉多地区生活。

● 因纽特人打冰洞

战神的国度

一天清晨，汤米·丁克在餐桌旁吃着黄油面包。他在面包边缘一口一口细细地咬着，每咬一口就沉思着朝面包看一眼。

“你在做什么？”爸爸问道。

“我想要把面包咬成一个美国地图。”说着，汤米就把面包轻轻地放在桌布上，“爸爸你看，这个地方是阿拉斯加州，那个地方是佛罗里达州，它的对面就是尤卡坦。”汤米说着把一小块面包搓成细条，摆在另一个角落：“看，这里就是下加利福尼亚。”

“如果你想玩面包，就不应该让你吃饭，”爸爸说，“你能告诉我哪里是加利福尼亚湾吗？”

“它不在加利福尼亚州，”汤米聪明地说，“你难不倒我的，加利福尼亚湾和下加利福尼亚都位于墨西哥。”

“是的，”爸爸说，“我小的时候，有一次上课，老师问我加利福尼亚湾和下加利福尼亚在哪儿，我没有好好预习，想当然地以为这两个地方都在加利福尼亚州，因此我就说‘当然在加利福尼亚州了’。”

“你的老师曾经教过你这个吗？”汤米将左手的拇指和另外4根手指弯

曲起来，做成一个大写字母G，“你看，如果这个G代表墨西哥湾，你的拇指是尤卡坦，食指是佛罗里达州，它旁边就是墨西哥了。”

“我上学的时候，老师的教书方法不同于现在。”爸爸答道。

“老师不会知道这种方法的，”汤米得意地说，“这是我自己想出来的。”

或许你听说过“神的国度”。美国南方的邻国就是“神的国度”，准确地说，是“战神的国度”。墨西哥是以印第安人信奉的战神墨西卡利命名的。

当你从美国跨越边境进入加拿大时，你不会感觉自己到达了另一个国家。加拿大人和美国人都是白种人，说相同的语言；而当你跨越边境从美国进入墨西哥时，你就能明显感觉到，这是另一个国家。墨西哥人与美国人人种不同，语言不同。墨西哥曾经在大西洋对岸的西班牙统治之下，但是如今已经独立了。

我们之前提到过，在美国和加拿大的边境有一块和平石，刻着“加拿大和美国一致同意永不交战”几个字。但是在美国和墨西哥边境却没有这样的和平石，两个国家在历史上曾有过很多次战争。现在的新墨西哥州、得克萨斯州和亚利桑那州以前都是墨西哥的领土，后来经过战争，全部归美国所有。墨西哥与得克萨斯州之间有一条河，名叫“格兰德河”，意为“壮丽的河流”。墨西哥的气候非常干燥，格兰德河每年都有一段时间几乎干涸，这时，从美国徒步经过格兰德河就可以到达墨西哥。

白种人最初来到美国的时候，那里居住着许多印第安人。然后，印第安人被白种人赶到了偏远的角落生活，如今，在美国居住的印第安人已经非常少了，人们只有在5美分硬币上或马戏团里才能看到他们的样子。白种人刚到达墨西哥时，当地也有许多印第安人居住，如今墨西哥国内的印第安人的数量比白种人多。有很多西班牙裔白种人和印第安人结婚，他们的孩子在相貌上更像白种人，在墨西哥，这样的混血人在逐渐增多。

第一批来到美国的白种人中，英国人占大多数，所以现在的美国人说英语，还有很多和英国人相同的习惯；而最初到达墨西哥的是西班牙人，所以如今的墨西哥人说西班牙语，生活习惯也与西班牙人大致相同。

西班牙人刚到墨西哥时，发现那里的印第安人都戴着银手镯、银项链和其他银饰品，就想到墨西哥的银子一定很多。起初他们是去墨西哥淘金的，但是发现银子也很好。因此，他们就开始在墨西哥开采银矿，且直至今日依然没有停下。西班牙人到达墨西哥400多年后，墨西哥的白银产量仅次于美国。银矿位于前文说的落基山脉中，墨西哥人将落基山脉称为马德雷山脉。

在马德雷山上有一个碗状的山谷，**墨西哥首都墨西哥城**就在这个山谷里。通常情况下，越往北就越寒冷，越往南就越炎热，但墨西哥城是个例外。因为它地处山顶，所以即使墨西哥城的地理位置十分靠南，但是气候非

● 波波卡特佩特火山

常温和，并不炎热。

墨西哥城附近有一座古老的火山。这座火山的名字有些奇怪，叫波波卡特佩特火山——非常难记。为什么人们不起个简单的名字呢？原来这个名字也是印第安语，在印第安语中的含义的确很简单，就是“冒烟的山”。波波卡特佩特火山地理位置偏南，你一定认为这里的气候很炎热吧？那你就错了，波波卡特佩特火山非常高，山顶的气温很低，全年被冰雪覆盖。这座火山不会喷发，是一座休眠火山，但是含硫的浓烟一直从火山口向外冒出，硫黄不断在火山口堆积。印第安人登上波波卡特佩特火山，在火山口收集硫黄。硫黄能够用来制造药物、火柴等。

墨西哥湾附近不但炎热而且潮湿，对人们的健康很不利，几乎没人在那里居住。那里的石油资源十分丰富，有个叫坦皮科的城市在墨西哥湾附近，当地人全年都在开采石油。那里离大海很近，通常人们会用油船将石油运输到美国等世界各地。用油船运石油比用火车便宜多了，一艘油船装运的石油量要超过1000节火车车厢。

墨西哥有一块像伸出的拇指的地区，本文开头小汤米已经说过，那个地方叫尤卡坦。尤卡坦生长着一种叫剑麻的植物，叶子就像长剑一样，里面含有纤维，看上去就像灰色的头发。这种纤维能够用来制作麻绳。那里还有一种植物的汁能够用来制作口香糖。

近在咫尺，远在天涯

我们从地图上能够看到“北美洲”和“南美洲”几个大字。“北美”“南美”这名字听起来就像一对姐妹。这对姐妹俩靠得非常近，只有一块小小的土地在中间，那就是中美洲。中美洲当中有一个细长的地方叫巴拿马地峡，这个地方十分狭小，在地图上看就像是树叶的叶柄。

太平洋位于巴拿马地峡左边，大西洋位于它的右边。两大洋之间只相隔一个巴拿马地峡，说是“近在咫尺”也不为过，但对于这两大洋上的船来说，却是“远在天涯”。因为中间有巴拿马地峡相隔，船只无法通行，只能绕行几千千米，经过南美洲的最南端。因为北美洲的最北端白雪皑皑，是无法通行的。这对于船只来说十分麻烦，好比你骑着摩托，到达一条河边，河上没有桥，旁边立着一块牌子，上面写着“此路不通，请绕行10000千米”。谁都不愿意遇到这样的情况，因此人们就想尽办法走近路。一些人建议将船只运过巴拿马地峡：“我们可以使用巨大的起重机，在一边将船只吊起来，放在巨大的卡车上，运送到另一边。随后再用巨大的起重机将船只放入海中。”这样的工程十分艰难，不如开凿一条运河方便。如果那样，船只就可以直接从一个大洋驶向另一个大洋。从地图上看，开凿运河似乎十分简单，好像用剪刀剪一剪或用小刀刻一刻就完成了。虽然巴拿马地峡十分狭小，却有很宽的距离，大概48千米，并且还有很多山脉，开凿运河的任务十分艰巨。

中美洲常常有地震发生，当时有人想，假如一次地震能把巴拿马地峡震开该多好啊，这样就省去了很多人力。但是地震带来的都是灾难，几乎不会给人们带来好处。

或许你会问：船只为什么要从一个大洋到另一个大洋去呢？为何不能只在一个大洋上航行呢？你可以想一下，平常你妈妈一定会去购物吧，要买用的、穿的和吃的，偶尔还要买电器和家具。船只就像妈妈一样，要在全世界购买所需要的货物。有的船只在大西洋沿岸的一些国家起航，向太平洋沿岸的某些国家进发，购买丝绸制品、陶瓷和茶叶；有的船只从太平洋沿岸出发，开到大西洋沿岸，购买自己国家没有的东西。因此船只有必要在不同的大洋之间穿梭。如果只因为隔着一道地峡就要绕行很远，是十分不方便的。后来，一家法国公司决定在巴拿马地峡开凿出一条很长的运河。

当时的巴拿马地峡居住环境非常艰苦，当地的印第安人和黑种人不在意那艰苦的条件，而白种人却非常不适应那里的生活。去那里的白种人中，大约三分之一死于发热。法国的这家公司在这期间派了许多工人去开凿运河，花费了很多钱，工程的进度却几乎停滞不前。最终，这家公司自动放弃了运河的开凿。

随后，美国从巴拿马永久性租用了一块土地。这块土地长达16千米，而且位于巴拿马地峡，叫作运河区。美国人在开凿运河之前说："那里的环境太差，不适合白种人居住，必须先改变那里的环境，直到适合白种人居住才行，否则就算派再多的人过去，都会死于疾病。"因此，美国一名非常有名的医生被派到了运河区，目的是弄清白种人在那里得病的原因，并改善那里的环境。

巴拿马运河

为什么白种人在那里非常容易生病呢? 直到那名医生去了之后才明白，罪魁祸首原来是小小的蚊子。平时蚊子叮了人类之后，只会起一个小疙瘩，痒一段时间就好了。可是那里的蚊子不一样，它们分为两种：一种是乡村蚊子，一种是城市蚊子。乡村蚊子传播疟疾等疾病，但是大多数白种人并不是死于疟疾。他们的死亡是由城市蚊子引起的，这种蚊子可以传播一种叫黄热病的疾病。患上黄热病的人会出现黄疸并伴随发热——黄热病也因此得名——且几乎都难逃一死。为了人们的生命安全，那名医生决心消灭蚊子。他研究这两种蚊子，然后找到不同的方法对付它们。他用产于墨西哥的石油消灭了乡村蚊子，又用产于波波卡特佩特火山的硫黄消灭了城市蚊子。在蚊子被消灭后，他还清理了湿地等适合蚊子大量繁衍的地方，从源头彻底清除了隐患。运河区的生活环境也由此而改善。

这些工作完成后，美国人终于能到运河区开凿运河了。法国人在开凿运河时，只知道努力开凿陆地，将太平洋和大西洋连接起来，打通海峡，工作量十分庞大。美国人并没有这样蛮干，他们在地峡的最高处开凿了一条稍短的运河，那里原本就有一条河和一个湖。为了保证船只能在里面航行，工人将河与湖中的水引入运河。运河的两端都有前文说过的水闸，在水闸的作用下，船只的升起或降落十分方便。因此，船只就能顺利在大西洋和太平洋之间航行了。且运河里的水是淡水，两大洋的海水不会流入运河。正因为这条运河，北美洲和南美洲被分开了，但与这两块大陆相比，运河十分狭小，两块大陆看上去还像连接在一起。也许未来有一天，它们会被分得更开。

给孩子的极简世界地理 2

[美] 维吉尔·莫里斯·希利尔 著

艾夏 译

文化发展出版社
Cultural Development Press
·北 京·

图书在版编目（CIP）数据

给孩子的极简世界地理．2 /（美）维吉尔 · 莫里斯 · 希利尔著 ；艾夏译．— 北京 ：文化发展出版社，2024.6

ISBN 978-7-5142-4349-9

Ⅰ．①给… Ⅱ．①维… ②艾… Ⅲ．①地理－世界－青少年读物 Ⅳ．①K91-49

中国国家版本馆CIP数据核字(2024)第098210号

给孩子的极简世界地理 2

著　　者：[美]维吉尔 · 莫里斯 · 希利尔
译　　者：艾　夏

出 版 人：宋　娜　　责任印制：杨　骏
责任编辑：肖润征　刘　洋　　责任校对：岳智勇　马　瑶
策划编辑：唐　三　史英男　　封面设计：万　聪
出版发行：文化发展出版社（北京市翠微路2号 邮编：100036）
网　　址：www.wenhuafazhan.com
经　　销：全国新华书店
印　　刷：河北文扬印刷有限公司

开　　本：710mm × 1000mm　1/16
字　　数：210千字
印　　张：20.5
版　　次：2024年6月第1版
印　　次：2024年6月第1次印刷

定　　价：128.00元（全3册）
I S B N：978-7-5142-4349-9

◆ 如有印装质量问题，请电话联系：010-68567015

让我们开启世界地理之旅吧

目录

001 ◆ 海盗出没的海洋

005 ◆ 南美洲北部

009 ◆ 橡胶之都、咖啡之国

013 ◆ 银子之都与纤长之国

018 ◆ 穿越大洋

022 ◆ 盎格鲁人的土地

026 ◆ 盎格鲁人的土地（续）

030 ◆ 英格兰的邻居

035 ◆ 法国

040 ◆ 法国（续）

045 ◆ 海平面以下的国家

049 ◆ 西班牙城堡

054 ◆ 西班牙城堡（续）

058 ◆ 山上的国度

064 ◆ “靴子”之国

070 ◆ 天堂之门与天堂之顶

075 ◆ 逝去的城市

086 ◆ 高高的“灰堆”

092 ◆ 战争与童话

096 ◆ 伟大的丹麦人

101 ◆ 鱼儿、峡湾、瀑布、森林

103 ◆ 鱼儿、峡湾、瀑布、森林（续）

海盗出没的海洋

有一次我坐火车从巴尔的摩离开，有人问我打算去哪里，我说去巴尔的摩。那人用怀疑的眼神看着我，大声对我说：“你坐错火车啦，这是从巴尔的摩离开的火车。”

“我知道，”我回答道，“这火车是离开巴尔的摩的，即使我跑遍全世界，也可以回来呀，并且我能从反方向回到这里。”

印度群岛在世界的另一端。过去，人们若想去印度群岛，都会向东出发，路程十分遥远。后来，哥伦布认为朝反方向出发也可以到达印度群岛。当时这个想法被人们认为是愚蠢的，向西出发怎么可能到达地球的东边呢？**哥伦布认为地球是圆的，不管是向东还是向西，最终都能够到达那里。因此，哥伦布出发了，他一直向西走，最终到达了一些岛屿。他以为这就是印度群岛，并且将小岛命名为“西印度群岛”。但这其实并不是印度群岛，即使当时他再向西走一点儿，中美洲也会挡在他前面。**

这些岛上的居民皮肤是红色的，脸上涂满了油彩，羽毛插在头发上，**哥伦布把这些人称为“印第安人”。**“加勒比人”是其他人对印第安人的叫法，意为“勇敢的人”。环绕着这些岛屿的海洋叫作加勒比海，意为“加勒比人的海洋”。

哥伦布当时打算去找印度群岛，是因为他想寻找新的航线，但是最终没有成功。后来，有很多人也一直尝试着寻找印度群岛，最终成功了。他们的主要目的是寻找黄金和白银，且确实在南美洲和墨西哥都发现了黄金和白银，还从印第安人手上抢走了许多黄金和白银，得到金银财宝后，他们就用船将财宝运回西班牙。

装着金银财宝的船只几乎没有能顺利抵达西班牙的，海盗一直在海上等着，抢劫那些“陆地上的强盗”。海盗头上包着血红的头巾，脖子上围着血红的颈巾，腰上系着血红的腰带，相貌十分吓人。他们手上戴着巨大的手镯，耳朵上挂着巨大的耳环，全副武装，藏在加勒比海的小岛后面，一旦看到载着金银财宝的船从远处驶来，就在桅杆上升起一面带有骷髅头的黑旗，骷髅头下方是由两根骨头构成的“×”。海盗船慢慢地前进，抢劫驶来的船只，将船只和财宝占为己有，让船上的船员做自己的奴隶。如果不需要奴隶，就让船员做“走木板”游戏。“走木板”这游戏可不好玩。海盗会在船沿上放置一块木板，让被俘虏的船员蒙上眼睛走木板，船员几乎都会掉下去，溺死在大海中。海盗将金银财宝存在一个大箱子里，锁上锁，带到自己的岛上，埋入地下，同时在地图上对应的地方标一个“×”，方便以后查找，也不容易被人发现。

很久以前，加勒比海盗就消失了，现在在加勒比海上航行的船只不用再害怕碰上凶残的海盗。而且现在很少有船只会装运海盗喜欢抢的金银财宝。加勒比海的海水非常蓝，天气十分温暖，小岛十分美丽，世界各地有很多人去那里度假。我曾经也去过一次。

那次度假给我留下的印象十分深刻，当时我从雪花飘扬的纽约出发，两天后到了一个名叫百慕大的小岛，当地天气温暖，阳光灿烂，和纽约的天气区别很大。麝香百合竞相开放，洋葱和土豆茁壮生长。当地的鲜花和水果被运到纽约，因此，纽约人在冬季也能享受到夏季的美味。

我乘坐的船又向南航行了两天，到达了一个叫拿骚（Nassau）的岛屿——**巴哈马的首都就是拿骚。**那里的人从海底采摘海绵，出售到美国，供美国人使用。或许你会问：“海绵怎么是‘采摘’的呢？海绵是一块布啊。”其实海绵原本是活的，长在岩石上，外部有一层像果冻一样的外皮。人们潜入海底，撕下岩石上的海绵，拿掉那层外皮后，剩下的就是海绵。

哥伦布最初登陆的岛屿是巴哈马群岛中的一个岛屿，这个岛也成了世界上最著名的小岛。岛上竖立了一块纪念碑，据说立碑的地方正好是哥伦布下船的地点。当时哥伦布历经千辛万苦，终于到达了这个岛屿。

西印度群岛中有三个岛是相连的，第一个岛古巴岛是整个群岛中最大的。哥伦布刚到达古巴时，他发现当地人非常喜欢在嘴上叼一根很细的东西，吸一口，再吐出烟雾。那东西就是香烟[1]，是由一种叫烟草的植物制成的。现在全世界有不少人吸烟，很多地区都有烟草种植，全世界最好的烟草依然来自古巴。**古巴首都哈瓦那**烟草产量丰富，并且被销往世界各地。

❶温馨提示：吸烟有害健康，尤其是未成年人千万不可以吸烟。

曾经很长一段时间，古巴都是西班牙的殖民地，后来才独立。

差不多所有水果和蔬菜的汁液中都含有糖分，只是含量不同。有的非常多，吃起来很甜，如荔枝；有的非常少，吃起来很酸，如柠檬。有一种水果、一种蔬菜含糖量很高，是专门制作糖的，那就是甘蔗和甜菜。你见过甜菜吗？甜菜的形状与萝卜相似；甘蔗则长得像玉米秆。人们将甘蔗榨汁，制作食糖。全世界种植甘蔗最多的地方也是古巴。[1]

● 甘蔗

● 甜菜

❶现在，世界上种植甘蔗最多的国家是巴西。

❷海地岛分属海地和多米尼加两国。

第二个岛叫作海地岛。这个岛上有两个国家。[2]这两个国家和美国一样，总统、参议员和众议员都由民众选举产生。岛上的居民都是有色人种。

哥伦布去世于海地岛。许多年后，一副骸骨被岛上的居民挖出来，他们声称那就是哥伦布，把骸骨送回了西班牙。但很多人都不认同，他们认为哥伦布的遗体一定还埋在海地的某个地方。

第三个岛是波多黎各岛。这里也盛产烟草，但非常奇怪，这里的烟草怎么都不如古巴的好。

在这三个岛的南部还有一个叫牙买加的小岛。那里盛产香蕉，刚摘下的香蕉是绿色的，还没有成熟，运到美国就成熟了。如果你吃生香蕉，可能会闹肚子，吃点儿牙买加产的姜就能治好，这种姜对胃非常有益，能有效治疗胃疼和肚子疼。烟草、海绵、食糖、蔬菜、香蕉、百合，如果海盗劫获的船上只运送了这些东西的话，他们肯定会非常生气的！

南美洲北部

发挥一下想象力，你觉得南美洲在世界地图上的形状像什么呢？我认为南美洲看起来像一个漏斗，像一根胡萝卜，像一个无花果，像一片叶子，像一个倒置的梨，像一支船桨，像一条羊腿，像一块羊排，还像甜筒冰激凌。你认为呢？

巴拿马位于南美洲最北端，南美洲的最南端是合恩角。从巴拿马到合恩角，有一座像墙一样的山脉横跨整个南美洲，那就是安第斯山脉。安第斯山脉是西半球最高的山脉，也是全世界最长的山脉。

南美洲的哥伦比亚是以发现美洲大陆的哥伦布的名字命名的，和“哥伦布”的读音非常接近。哥伦比亚离巴拿马非常近。

白种人第一次登上南美洲北部的海岸时，发现还有一个国家与哥伦比亚相邻。居住在这个国家的印第安人把房屋建在水边。这让他们想到了远在大洋彼岸的意大利的水城威尼斯，威尼斯的房屋也是在水边建造的。因此，这个国家就被命名为“委内瑞拉”，西班牙语中“委内瑞拉”的意思是“小威尼斯”。委内瑞拉的海边有一个岛屿非常特别，叫特立尼达岛，岛上有一个湖泊，湖里没有水，是不是很奇怪？因为这个湖的“湖水”其实是柏油。美国修路用的柏油就来自这里。

在东面，委内瑞拉有个很小的邻国，叫圭亚那，以前荷兰、法国、英国曾在这里反复争夺，建立了英属圭亚那、法属圭亚那等殖民地，现在圭亚那已经成为英联邦的独立国家。

圭亚那的荒芜之地上有片瀑布，有5个尼亚加拉瀑布那么高，名叫凯厄图尔瀑布，很多人都没有听说过。你可以问问你的爸爸是否知道凯厄图尔瀑布。

人人都知道地球中央那一圈叫作赤道，就像一个小胖墩系着一条腰带一样。西班牙语中的赤道叫“厄瓜多尔”，厄瓜多尔也是位于南美洲赤道附近的一个小国家。按常理来说，越靠近赤道的地方就越热，那厄瓜多尔是否也十分炎热呢？答案是否定的。厄瓜多尔在安第斯山脉上，海拔很高，全年气候凉爽。**基多是厄瓜多尔的首都，**在基多能够看到两座火山，它们的名字都有些奇怪。稍高一点儿的那座叫钦博拉索山，是一座休眠火山；矮一点儿的叫作科托帕希火山，是活火山，火山运动十分活跃。

可可豆的豆荚

你平时吃巧克力吗？喝可可饮料吗？厄瓜多尔离我们非常远，但我们平时吃的巧克力和可可大部分都来自那里。巧克力和可可的原料都是可可豆，可可豆像豌豆一样，在豆荚中生长。豆荚不小，大得像西瓜一样，不长在树枝上，而长在树干上，这种树就是可可树。

迄今为止，最原始的印第安人来自**厄瓜多尔**，而厄瓜多尔南方的秘鲁却居住着目前为止最开化的印第安人。他们不住在茅屋、棚屋或帐篷中，而是生活在宫殿里。

这些印第安人被称为印加人，当时，他们的**首都是库斯科**。印加人拥有大量金银财宝，西班牙人第一次到达库斯科时，就发现当地的金矿和银矿正在被开采。西班牙人拥有火枪，轻易地就从印加人手中抢走了很多财宝，印加人还被强迫开采更多的金矿和银矿。然而，最讽刺的是，西班牙人将抢来的财宝运回国内的途中，经常被海盗抢劫。

留在秘鲁的许多西班牙人后来与印第安妇女成婚，现今，秘鲁的很多人都是西班牙人和印第安人的混血儿。

如今想找到库斯科的遗址已经很难了，只能找到一些古老的印加宫殿的遗址。**秘鲁现在的首都是利马。**平时我们吃的一种豆就叫作利马豆，但它并非产自利马。利马有一种特殊的治疗发烧的药。那里的印第安人发现，将某种树的树皮加水炖烂，然后泡茶喝，能够治疗发烧。白种人到达秘鲁后，发现这种治疗发烧的方法有很好的效果。现在那里的人会专门收集这种树皮，出口到其他国家，用于生产退烧药，这就是我们平时发烧吃的“奎宁”。

在美国，运送货物大多使用火车或汽车。在安第斯山脉地区，人们却利用一种动物运送货物，那就是美洲驼。美洲驼与骆驼很像，但是它没有驼峰。

西蒙·玻利瓦尔这个人你听说过吗？或许你没听说过，但是在南美洲，几乎每个孩子都知道他，如同美国的孩子们都知道乔治·华盛顿一样。其实，西蒙·玻利瓦尔也被称为“南美洲的乔治·华盛顿”。如同英国过去拥有13个殖民地那样，西班牙曾经也拥有很多的殖民地，南美洲的许多地区以前都是西班牙的殖民地。西蒙·玻利瓦尔是委内瑞拉人，在他的脑海中，西班牙和其他

西蒙·玻利瓦尔

殖民主义国家没什么两样——无情地欺压人民。**玻利瓦尔曾去过美国，知道美国曾经是英国的殖民地，乔治·华盛顿发起的革命胜利后，美国才开始独立。因此，玻利瓦尔回到南美洲，也发起了一场革命，希望委内瑞拉和其他几个南美国家能摆脱西班牙的殖民统治。**他那时的生活十分艰苦，经常逃亡，但每次都会回到南美洲继续革命。历经千辛万苦，革命终于胜利了，5个南美国家摆脱了西班牙的殖民统治，各自独立。玻利瓦尔去世后，人们为了纪念他，这5个被解放的国家中有一个国家将国名“高秘鲁”改为“玻利维亚”。玻利维亚是一个内陆国家。

玻利维亚生产了世界上大部分的锡。纯锡制作的东西非常昂贵，我们平时用的锡罐和锡锅都不是纯锡制作的，它们的原材料大多是铁，仅在外面涂上一层锡。如果没有这层锡，铁的东西非常容易生锈，没有办法盛食物，涂了锡之后就不会生锈了。

玻利维亚与秘鲁之间有一个大湖泊，它的名字非常有意思，叫提提卡卡湖，说的时候就好像舌头不听使唤一样。在全世界大大小小的湖泊中，提提卡卡湖的海拔最高。我曾在家里的地窖中制作了一艘划艇，做完后我发现划艇太大，拿不出去，只好又拆了它，拿到地面上重新组装。提提卡卡湖海拔很高，如果你想把汽船搬上去，只能先购买汽船的零件，到山上再组装起来才能使用。

橡胶之都、咖啡之国

有个词叫作“高山流水”，它非常有道理，有了高山，才能有河流。世界上最宽阔的河流——亚马孙河就是由安第斯山脉上的水汇聚而成的。在地图上，亚马孙河就像一株发达的藤蔓植物，支流非常多。亚马孙河十分宽阔，从河的一边看不到河的对岸。从亚马孙河流入海洋的水非常多。

我们洗澡时，如果让水一直流着，浴缸中的水一定会溢出来。但是所有河流的水最终都流入海洋，**为什么海洋中的水不会溢出来呢？**那是因为海洋中的水会不断地蒸发，水蒸气进入空气中，变成云。云被风吹到陆地上空，最后又变成雨水降落到地面。大部分的雨水被植物吸收，其他的回到河中。河流又将水汇入海洋，反复循环——从河流到海洋，从海洋到云朵，从云朵到地面，从地面到河流……通过这样的循环，地球上的水量几乎不会改变，只是存在的形式和地点不同。

安第斯山脉地处太平洋沿岸，左侧没有大型河流，右侧所有的大型河流都汇入大西洋中。

咖啡树

巴西是亚马孙河流经的一个国家，也是南美洲最大的国家，国土面积小于美国。“巴西”这个名字来源于当地一种名叫“巴西红”的树木，巴西红是一种染料的原料。这样说来，“橡胶”或“咖啡”更适合做这个国家的名字。因为在巴西，橡胶树和咖啡树比巴西红更多。

亚马孙河附近是大片热带雨林，热带雨林的意思就是热带湿润地区的森林，当然不单是森林，还有沼泽和丛林。热带雨林非常原始，气候不仅炎热，而且潮湿，不适宜人类居住，但植物却生长迅猛，就像《巨人杀手杰克》[1]中的魔豆一样，植被异常繁密，人很难在其中行走，有很多巨大的植物。你见过叶子大得像圆桌一样的睡莲吗？到那里就能见到了。

[1] 英国的民间故事，传说在亚瑟王时代有一个农夫的儿子叫杰克，他既勇敢又智慧，因杀死巨人而扬名。

热带雨林里的野生动物非常多，但人烟稀少，当地的居民基本都是印第安人。这里有很多街头手摇风琴师卖艺时用的那种猴子。航海的船员还会抓一些鹦鹉，教它们说话，带它们去往世界各地。还有五颜六色的蝴蝶和飞蛾，能够被制成各种标本。有一种巨蟒名叫王蛇，当它缠在树上时，就像粗壮的树藤，其他动物很容易被迷惑。其他动物靠近时，王蛇就把它们缠住，越来越紧。它们窒息后，王蛇就把它们整个吞下去。这样美餐一顿后，王蛇就开始睡觉，睡一个星期甚至一个月，直到食物消化后再醒来捕食。有一种动物能够用脚趾倒挂在树枝上，就连睡觉时头都是朝下的，就像男孩子玩高空秋千一样。这种动物行动十分迟缓，看上去非常懒，纹丝不动，好像一直都在睡觉，偶尔动一下也很迟缓，因此人们给它取名为“树懒”。还有一种牛蛙，体形庞大，叫声就像狮吼。那里也有能传播疟疾的乡村蚊子。你可能会问：热带雨林有那么恐怖的动物，为什么还有人去呢？因为很多人去那里是为了捕捉野生动物，供动物园或博物馆使用。还有一个更重要的原因，就是去收集一种树的汁液。

● 树懒

白种人刚来到亚马孙河流域时，发现当地的印第安人玩的一种球非常有弹性，能在地上不断地弹跳。白种人没见过这样的球，据当地人说，它是用一种树的汁液做的。白种人脑海中浮现了很多想法，认为能够用这种汁液制作各式各样的球，比如婴儿玩的小球、网球、高尔夫球等。这种汁液就是橡胶，用橡胶可以做橡皮、胶带、胶鞋和轮胎。通过不同的处理方法，可以将橡胶汁液做成不同质地的橡胶，如硬橡胶、软橡胶、弹力橡胶和吸力橡胶。就像不同的烹饪方法，用食糖能够做成硬糖、橡皮糖、太妃糖一样。

工人穿行在热带雨林中寻找橡胶树，如果找到了橡胶树，就在树干上刻一个凹槽，凹槽的下方挂一个杯子，用这个杯子接住凹槽中流出来的橡胶汁液。就像你的手指被割破后，伤口会流血，橡胶树的树皮被割破后，也会流出汁液。过一段时间，工人就把杯中收集的橡胶汁液都倒入桶中，带回住处。有了足够的橡胶汁液后，工人就在一根木棒上浇一些汁液，再在火上烤干。反复循环，很快木棒上就会有一大团烤干的橡胶。这些工人把一团团的橡胶装上独木舟，运到亚马孙河，再通过大船运往世界各地。

巴西还出产一种非常出名的东西，几乎每个美国家庭早餐时都会喝。猜猜这是什么？没错，它就是咖啡。咖啡不是野生的，而是人工种植的。巴西原本并没有咖啡，白种人将咖啡带过来种植后，巴西才有了咖啡。最早在巴西种植咖啡的白种人发现，巴西海边高地的土壤和气候非常适合咖啡生长。现在，巴西的咖啡产量是全世界最多的。

咖啡长在咖啡树上，咖啡树十分矮小，树上结出的咖啡果非常像樱桃，每个咖啡果中有两颗种子。这两颗种子就是咖啡豆。咖啡豆烤熟后磨成粉，就能冲泡成咖啡了。

很久之前，有一个人驾船沿巴西海岸航行，元旦那天，他来到一个很像河口的地方。那天恰好是一月的第一天，他就将那个地方命名为“里约热内卢”，这个词在他母语中的含义是“一月的河流”。其实根本不存在河流，后来那里发展成了一座城市，城市名仍然叫里约热内卢，它就是**巴西的首都**[1]。在里约热内卢港，有一块巨大的石头叫面包山。在船上看里约热内卢，城市后方的山脉看起来就像沉睡的巨人，因此人们就将这些山脉命名为“沉睡的巨人”。

❶里约热内卢在1960年以前为巴西的首都，巴西现在的首都是巴西利亚。

除了里约热内卢之外，还有一个地方盛产咖啡，就是在它南部的桑托斯。你的爸爸在家喝的咖啡非常有可能产自里约热内卢或桑托斯。可可、锡罐、咖啡、柏油路，还有橡胶轮胎，都与巴西相关。如果这些东西都像童话故事中那样能开口说话，我们一定能了解到更多关于巴西的有趣故事。

银子之都与纤长之国

在孩子出生时，我们会给他取个名字，大多数名字都有它们的寓意。有些孩子长大后，名字与人不太配。例如，查尔斯意为“强壮”，但叫查尔斯的人长大后也许并不强壮；鲁思意为“美丽”，但叫鲁思的人长大后或许相貌平平——反正很难说匹配得上。最早来到南美洲的白种人到达巴西南面的国家时，发现那里的印第安人都戴着银项链和银手镯，他们就认为那里有许多银矿，因此就将这个国家命名为“阿根廷”，西班牙语意为“银子之都”。其实阿根廷的银矿资源非常少，不过“阿根廷”这个名字还是一直沿用至今。就像有的小朋友长大后与名字的寓意并不匹配，但也不会改变名字。

虽然阿根廷银矿资源非常少，却是南美洲最富裕的国家。[1]通过出售肉类和小麦，阿根廷人赚到了很多钱，如果依照当时西班牙人取名字的方法，阿根廷或许应该叫“肉类之都”或“小麦之都”，当然这两个名字都不如“银子之都”好听。阿根廷有非常宽广的农场，用来种植小麦和玉米，还有一望无际的大草原，放

❶19世纪末和20世纪初，阿根廷经济繁荣，是南美洲最富裕的国家。目前，巴西是南美洲经济实力最强的国家。

养牛羊。牛仔，就是我们所说的放养牛羊的人，阿根廷人把他们称为“加乌乔牧人”。加乌乔牧人身穿南美披风。南美披风像一条方形的毯子，中间有个洞，可以伸出头来。白天，披风当衣服穿；晚上，披风能当被子盖。加乌乔牧人都会带一把很大的刀，能用于防身，能砍东西，还能用于切食物。

阿根廷人种植玉米作为牛羊的饲料，然后销售牛羊肉赚钱。牛皮能做皮革，羊毛能织成布，都能够卖钱。

阿根廷和美国相似的地方非常多，被称为“南美洲的美国”。例如，阿根廷和美国都四季分明，能经历酷暑和寒冬，但是有一点不同。因为**阿根廷位于南半球，美国位于北半球，所以阿根廷是夏季时，美国是冬季；而阿根廷是冬季时，美国则是夏季。**圣诞节时阿根廷是炎炎夏日，七八月则雪花飘扬；一二月鲜花盛开，人们去那里避暑，七八月还可以在那里滑雪、溜冰。

纽约是北美洲最大的城市，而南美洲最大的城市就是**阿根廷的首都**——被称为“南美洲的纽约”——**布宜诺斯艾利斯**[1]，西班牙语意为“清新的空气”。它地处拉普拉塔河南岸，“拉普拉塔”在西班牙语中意为“银子”。是不是很有意思？在“银子之都”有一条“银子之河”。

[1] 目前南美洲最大的城市为圣保罗。

在大多数的南美国家，印第安人与混血儿的数量都比白种人多，但阿根廷人主要是白种人，这也与美国很相似。但是阿根廷的白种人大多是西班牙裔，以西班牙语为母语。

从阿根廷沿拉普拉塔河顺流而上，在几个大国之间挤着两个很小的国家——巴拉圭和乌拉圭。这两个国家和阿根廷也有几分相似，都有大草原，都放养牛羊，都有穿着南美披风的加乌乔牧人。在巴拉圭，有一种树的叶子可以沏茶，这种茶叫作巴拉圭茶。加乌乔牧人的主要饮料就是巴拉圭茶，有很多南美洲的人喝巴拉圭茶。他们认为这种茶很好喝，曾经尝试将它卖到其他国家，但其他国家的人对巴拉圭茶一点儿兴趣都没有，他们更喜欢普通的茶或咖啡。大人有时就像孩子，只吃自己喜欢的东西。例如很多美国人爱喝苏打水，其他国家的人却不喜欢喝。

● 安第斯山脉的基督铜像

安第斯山脉把阿根廷与一个狭长的国家分隔开了，那个国家就是智利，它位于太平洋沿岸。智利的国土是细长的，被称作“纤长之国”。“智利”意为“白雪的国度”，因为智利的大部分地区是山脉，山顶一直被白雪覆盖。即使中间隔着安第斯山脉，智利和阿根廷还是发生过战争，后来两国达成了和平协议，都同意不再交战。两国将武器熔化，制作了一个巨大的耶稣铜像，耶稣手握一个十字架，铜像底座上写着：“除非安第斯山脉山崩地裂、灰飞烟灭，否则智利和阿根廷永不交战，两国在耶稣脚底起誓。”从那之后，两国之间再没有交战。原来让两国停战这么简单，为什么别的国家不用这种方法呢？

或许你有疑问：智利国土狭长，又多山，一定非常贫穷吧？并不是这样的，智利也很富裕。**智利北部有一片沙漠，有时10年都不下一滴雨，那里却是全世界最富裕的地区之一。**你一定会感觉奇怪，这怎么可能呢？那里不能种东西，也不能放养动物，又没有金银财宝，为什么那么富裕呢？因为那里有一种很贵的东西，或许你没听说过这种东西，它叫作硝酸钠。硝酸钠是一种曾经存在于海里的盐，之所以如此宝贵，是因为全世界都需要它。田地里的庄稼有它才能长得好。或许你又要沉思了：既然硝酸钠对庄稼好，为什么那里还那么荒芜呢？其实是因为那里几乎不下雨，没有水啊！也幸好那里没雨，否则硝酸钠早就溶化了。这片沙漠的形状就像一条细长的沟渠，很久

● 安第斯山脉

以前它位于海底，后来由于地震，这部分海底隆起，形成了陆地。由于海水不断蒸发，硝酸钠就被留了下来。智利也出产碘，你应该很熟悉碘吧？有时皮肤擦伤了，我们在伤口上涂的褐色的东西就是碘酒。顾名思义，碘是碘酒的原料。

智利有个叫“天堂之谷”的山谷，它是智利的一个海港，那儿没有漂亮的风景和宜人的气候，完全不同于我们想象中的“天堂”。不知道人们为什么把它叫作天堂之谷，用西班牙语说就是“瓦尔帕莱索”。

智利首都圣地亚哥位于山上，海拔很高，气候凉爽。“圣地亚哥”意为“圣詹姆斯”。

第一个成功航海环游全世界的人是麦哲伦，不是哥伦布。麦哲伦与哥伦布一样，也一直向西航行，直到美洲大陆阻挡了他。他沿南美洲径直而下，希望找到通向太平洋的通道。他驶过亚马孙河，认为能够找到通路，但他没有成功；又经过拉普拉塔河，还是没有成功。最终，他几乎到达了南美洲的最南端，终于成功了。这条通道十分曲折，其实就是一条海峡，为纪

念麦哲伦，人们将它命名为“麦哲伦海峡”。经过海峡时，麦哲伦看到左侧陆地上燃起了熊熊大火，没人知道那是火山爆发还是印第安人点燃的大火。因此，那个地方就被命名为“火地岛”，西班牙语意为“大火燃烧的土地”。现在阿根廷的南部地区就是当时他右侧的陆地，当地的印第安人都长着很大的脚，他就把这些人称为巴塔哥尼亚人，意为“大脚的人”。

几百年中，有很多船只沿着麦哲伦的航线航行。当然，有的船只直接绕过南美洲最南端的合恩角。合恩角的暴风雨冷酷无情，沿途崎岖危险，因此，多数船只都从麦哲伦海峡通过。从大西洋绕过南美洲去太平洋，必须要经过一段漫长的行程，当时海峡附近没有给航海船只提供物资补给的地方，因此，有一个小镇就在海峡旁兴起了，就像加油站一样，向来往船只提供所需的物资。这个小镇名叫蓬塔阿雷纳斯，意为“沙地”。它是全世界最靠南的小镇。现在往返于大西洋和太平洋的船只几乎都会通过巴拿马运河，因此，蓬塔阿雷纳斯的生意就不如以前火爆了。后来，另一种生意又在当地兴起了，人们在火地岛放养绵羊，将剪下的羊毛从蓬塔阿雷纳斯运往世界各地出售。

穿越大洋

如果要去欧洲，除了带行李、船票或者飞机票之外，你还要带两样东西：第一是钱。当然，你不能带着美元去，因为那里不用美元，**你必须带你所到的国家使用的钱。第二是你的护照。护照相当于一本很薄的书，里面有几页内容，当然，也会有一张你的照片。有了护照你才能去别的国家，而且你只能用自己的护照。**如果你的目的地不属于本国或本地区，而你又没有护照，你就不能登船或登机，自然也到不了别的国家。

从“新大陆”最大的城市纽约出发，到“旧大陆”最大的城市伦敦，你需要在大西洋上航行5000多千米。

当年哥伦布从欧洲出发，在大西洋上航行了一个多月才到达美洲。而现在我们坐船一周就能到达那里，坐飞机的话，根本用不了一天。

有一种东西，它的速度比飞机还要快，而且它每天都要从伦敦跑到纽约，还很准时。你们说是什么？它就是太阳。太阳每天都要从伦敦照到纽约，只需要5小时。

当太阳挂在天空的中央时，伦敦人把时间设定为中午12点，也就是我们现在所说的正午。等过了5小时，太阳跑到了纽约上空的中央，纽约人也把时间设定为中午12点。所以，当纽约到中午12点的时候，伦敦已经是下午5点了。也就是说，伦敦时间要比纽约时间快5小时，这就是我们常说的时差。

如果你打算乘船从纽约去伦敦，出发之前最好把手表调快5小时，这样等你到了那儿，你的手表才能和当地时间一样。同样，当你回来的时候，记得把时间调慢5小时。假如你在纽约，上午10点打电话给伦敦的朋友问对方是几点，对方肯定会跟你说是下午3点。

航海船只上的钟表看起来和我们家里的没有什么区别，但是它们敲钟的方式却大有不同。我们家里的钟表1点就会敲1下，2点就敲2下，以此类推，顶多就敲12下。但是船上的钟表1点敲2下，2点敲4下，以此类推，到了4点就会敲8下，而在半点的时候只敲1下。过了4点又会重复刚才的过程，4点半敲1下，5点敲2下，6点敲4下，永远不会超过8下。

我们到了晚上就会睡觉，航海船只却不分昼夜地行驶，船员必须轮流值班，负责船上的各种工作。有的人负责掌舵，有的人负责检查发动机，还有的人专门查看周围的环境，确保不会撞上别的船只。

也许你会问：从纽约前往伦敦的航行途中，船员只能看到一望无际的大海，天气恶劣时还会有巨大的波浪和厚厚的雾气，**船长怎么能正确地判定方向呢?**

其实，在方向盘的前面有一个小盒子，里面有一根非常小的指针。不管船只如何起伏颠簸，指针始终指向同一个方向，这就是我们所说的**指南针**。我们都知道磁铁，一块很小的磁铁就能吸起细小的图钉和细针。整个地球就像一块巨大的磁铁，指南针在磁力的作用下指的方向，我们称为磁极。

有了指南针指路，船长就能准确地知道如何到达英国。当然，他不能一直沿着指针的方向走，那样他就会走到北极。

天气晴朗的时候，乘客可以在船上享受快乐的时光，跳舞、玩游戏、拍照、看书等。乘客每天吃5餐，他们可以在甲板上盖着毯子晒太阳，也可以眺望大海，还可以自在地与朋友聊天或者睡觉。海豚有的时候从海面跃起，又跳回海中，溅起美丽的浪花；有时会一直跟着船走；有时也会游到船的前面，好像是在跟船比谁游得快似的。有的时候我们还会看到鲸鱼，它们有小岛那么大，喷出一股大大的水柱后潜入水中。有的海面上漂浮着的巨大的冰块，体积可能比船大好几倍，这就是我们所说的冰川。

有的时候海面没有风浪，平静得就像一面镜子，这就是大西洋被称作“大池塘”的原因啦。一旦刮起风，下起雨，海面就会波涛汹涌，船只也会上下颠簸，使船上的人左右摇晃、头晕目眩，这时候有的人就会晕船。在船上吃饭的时候，必须用东西把盘子固定住，否则盘子会滑走。船只冲过一个巨浪，不能松懈，还得应付下一个巨浪，好多时候人都会感觉船要翻似的。不过，除非撞上了其他船只或者冰山而使船身破损，否则无论遇上多大的风，船都不会翻的。

船长不仅要担心海上的浓雾，还得担心海上的巨浪。如果出现了浓雾，就很难辨别附近是否有其他船只。就像你在伸手不见五指的夜晚找路一样，肯定是非常害怕的。每次碰上浓雾，船长都会把船开得很慢，还会让船上的大喇叭每分钟鸣响一次，一直到浓雾散尽。有的时候浓雾会持续几天，这时候船员就会跑到船舷上，侧耳倾听周围的声音，仔细查看周围的环境。我们能够听到远处其他船上的喇叭声，但是只有在两条船距离很近时才能看清对方的船。有的时候船要在浓雾中航行很长的时间，浓雾散尽，就能看到对面的陆地了。

其实，没有看到陆地的时候，船员们就可以预测很快就能到达陆地了，他们是通过什么方法知道的呢？很简单，那就是海鸥！海鸥生活在海边，它们一看到船就会成群地飞来。海鸥非常聪明，它们知道从船舱厨房里倒出的垃圾中有好吃的，所以只要看到成群的海鸥就能知道快要到达陆地了。在登陆前，会有一个人坐着小船靠近我们的大船。大船继续行驶，从一边放下一个用绳子做的梯子，那人就抓住梯子爬上大船。他到底是什么人呢？为什么要到大船上来呢？这个人是领航员，负责将大船带领到港口里面。大船体积过大，不能随便靠岸，只能由几条小船牵引着进入港口。当大船靠岸后，船上就会放下一个步桥，连接码头和甲板，乘客就可以通过这个步桥上岸了。英国人说英语，你可以用英语和他们交流。但是他们说的英语口音有点儿奇怪，而美国人说的英语在他们听来也有点儿可笑。英国人认为美国人所说的英语带着“美国口音”。离开船后，你需要出示你的护照，打开你的行李，通过安检之后才能上岸。负责检查护照和行李的人，我们称他们为海关人员，只有你的行李符合要求，他们才让你入境，而且，有一些行李需要缴纳关税才能入境。

盎格鲁人的土地

英格兰以前是一个岛国，盎格鲁人曾经住在这个岛上。最初，这个国家的名字是“盎格鲁人之国”，后来才使用“英格兰”这个名字。

其实这个岛上原来还有两个国家，它们就是威尔士和苏格兰，整个小岛的名字叫大不列颠。岛的附近还有一个小岛，岛上的国家叫爱尔兰。后来，**威尔士、英格兰、苏格兰，加上爱尔兰岛北边的一小部分，联合成立了大不列颠及北爱尔兰联合王国，也就是我们今天所说的英国。**

船只开到英国之后不能随便找地方靠岸，因为英国的海水太浅，靠岸的时候可能搁浅甚至翻船；有的地方岸边有很多岩石；有的地方甚至还有很高的悬崖。大部分到英国的人都会从西边的利物浦或南安普敦上岸。顾名思义，南安普敦位于英国的南部。也有人会从东边的伦敦上岸，船只在伦敦航行都要经过泰晤士河。泰晤士河流经伦敦，大型船只最远只能开到伦敦桥。不知道大家有没有玩过“伦敦桥要塌了”这个游戏？伦敦桥确实塌过几次，不过每次都会被重建。但是我觉得现在的伦敦桥不会再塌了。

最初的伦敦很小，而且很遥远，而现在的伦敦已经发展成全世界最大的城市之一。

前文说过，纽约到处都是高楼大厦，是一个现代化的大城市。很多城市的很多楼房都非常高，有50层的，有70层的，甚至还有100层的，而伦敦的楼房都不是很高，但是伦敦的城市范围很大。伦敦人平时乘坐双层巴士出行，就是那种车里和车顶都有座位的大客车，有时也会乘坐地铁出行。

英国的首都是伦敦，英国的国会大厦就在伦敦，我们称之为议院，意思是“讨论问题的场所”。人们在议院中讨论问题，还在议院中制定法律。英国是由国王统治的，但是法律由议院制定。我在美国的国会大厦附近住了好多年，每天都能看到国会大厦。所以当我第一次看到没有圆顶的英国议院时，觉得非常奇怪。英国议院楼顶有一个方形的钟塔，钟塔上有一口大钟，名叫**大本钟**。

英国伦敦著名古钟，即威斯敏斯特宫（议会大厦）附属的钟楼，建成于1859年，是伦敦的传统地标。2012年6月，英国宣布将“大本钟”改名为“伊丽莎白塔”。

不过伦敦还有一栋非常有名的建筑像美国国会大厦一样是圆顶的，它就是**圣保罗大教堂**。据说华盛顿的国会大厦就是按照圣保罗大教堂建造的。这个教堂建成时还没有华盛顿的国会大厦，也没有华盛顿，甚至还没有美国。伦敦曾经发生过一场大火，直到现在人们还称之为“伦敦大火”，那场大火几乎烧掉了整座城市。后来，一个名叫克里斯托弗·雷恩的人出资重建了烧毁的大部分地方，建造了许多漂亮的教堂和其他建筑，重建后的伦敦变得更漂亮了。因此有人认为，那场大火是一件好事。圣保罗大教堂就是克里斯托弗·雷恩建造的教堂之一。

在第二次世界大战期间，德国的飞机在英国伦敦投放了许多炸弹，成千上万的建筑毁于炮火，其中就包括克里斯托弗·雷恩出资建造的教堂。幸亏他出资建造的建筑非常多，仍然有一些幸免于难。伦敦人把这次轰炸称为“闪电式空袭”。在他们看来，当时的空袭跟那场大火一样，都应该被记住，尤其是伦敦人面对恐怖的炸弹所表现出来的无畏的勇气。

伦敦还有一个不是克里斯托弗建造的著名的教堂，它叫威斯敏斯特教堂。威斯敏斯特教堂不仅仅是一个教堂，还是许多名人的墓地，大到国王、王后，小到诗人、作家、音乐家和士兵。第一次世界大战结束后，人们将一名在法国战场上牺牲的无名英雄安葬在这里，以纪念那些为了人类的伟大事业而献身的无名英雄。后来，这个地方渐渐有了新的名字——无名战士纪念碑。

威斯敏斯特教堂中有一把特殊的椅子，叫作加冕椅，直到现在，英国国王加冕时也要坐在这把椅子上。椅子的下面有一块巨大的石头，为什么要在椅子下面放石头呢？因为几百年前，在英格兰北部的苏格兰是独立的，苏格

威斯敏斯特教堂

兰国王加冕时就坐在一块大石头上。英格兰和苏格兰合并为一个国家之后，人们把那块大石头带到了英格兰并放在了加冕椅下。

伦敦最古老的建筑要追溯到大火之前，它的名字一听就是伦敦的一部分，它就是“伦敦塔”。**在很久之前，伦敦塔是一间监狱，**里面关押着很多著名的人物，包括英格兰的一些王子和女王，后来有的被判处死刑。**现在，伦敦塔是一座博物馆，**里面收藏着很多难得一见的物品，如当年士兵穿的盔甲、马匹和狗使用的盔甲、砍头用的斧子等，还有国王王冠上的珠宝，有的钻石大得像核桃一样。女王的王冠就放在洁白的丝绸枕头上，上面装饰着巨大的钻石。这颗钻石还有自己的名字——科伊诺尔钻石，意思是“光明之山”。传说，男性得到这颗钻石之后就会招来厄运，所以后来它就被镶嵌在女王的王冠上。伦敦塔的守卫士兵叫作英国皇家禁卫军仪仗卫兵，一旦有人强行打开盛有珠宝的容器，伦敦塔的所有门就会自动关闭，盗窃珠宝的人就会被守卫士兵抓住。

你以前收集过石头、硬币、邮票或者蝴蝶标本吗？全世界最大的博物馆就在英国，收藏着世界各地的宝藏，这就是**大英博物馆**。

伦敦的街道非常多，据说如果把伦敦所有的街道连接起来可以绕地球一周。我们无法列出伦敦所有街道的名称，甚至连伦敦的警察都不知道。每个警察身上都随身带着小地图，有些街道只有查找了地图才能找到。很多街道的名称都鲜为人知，比如针线街、佩尔梅尔街和皮卡迪利街等。皮卡迪利街有许多漂亮的房屋、俱乐部和宫殿，还有舰队街、摄政街、河滨大道和邦德街等，这些都是著名的购物街。另外，伦敦还有牛津广场和皮卡迪利广场。

盎格鲁人的土地（续）

我以前问过一个英国人是不是住在伦敦。

“为什么美国人都认为所有的英国人都住在伦敦呢？”他生气地说，“除了伦敦，英国还有很多地方呢！有切斯特和曼彻斯特，有诺里奇和哈里奇，有牛津和吉尔福德，有伯明翰和诺丁汉，有剑桥和坦布里奇，有北安普敦和南安普敦……还有很多其他地方呢！”

他一口气跟我说了这么多的名字，我赶紧打断他，说：“好了，好了，我根本记不住这么多的名字，而且它们太相似了。”

“好吧。”他得意地说，“简单来讲，英国有将近6000万人不住在伦敦，我就是其中一个。”

但是不管他们住在哪里，几乎所有的英国人一辈子至少会去一次伦敦。因为英国的国土面积小，火车的速度又快，无论从哪里出发，都可以在一天之内到达伦敦。

英国人发明了火车，但是英国的火车和美国的不太一样，他们的火车看起来要小一些、轻一些，车厢也比较小。车厢里的座位，有一半是朝前的，有一半是朝后的，所以至少有一半的乘客是反方向坐着的。有少数的车厢上标着“头等舱”，多数都标着“三等舱”。当然，头等舱的车票要贵一些，因为车厢内的座位是软座，每个座位都很宽敞。但是三等车厢内没有软座，而且座位非常拥挤。在英国，车辆都是靠左边行驶的；而在美国，车辆是靠右边行驶的。如果你到了英国，还在靠右骑车或者开车的话，警察就会把你抓起来。

在美国，公路的旁边都有栅栏；而在英国，公路的旁边都有树篱。有的树篱就像《睡美人》中城堡外的树篱一样，长得非常高大，能把后面的物体全部都遮住，顶多能看到建筑的房顶。英国建筑的房顶与美国的相比有很大差别，很多是用稻草盖成的茅草屋顶。或许你会感到奇怪：茅草屋顶怎么能够挡雨呢？稻草不是很容易着火吗？其实，这里的稻草是能够挡雨的，而且也不太容易着火。英国的木材非常稀少，很少见到木材建造的房屋，所有的房屋几乎都是用石头或者砖头砌成的。英国没有大森林，仅有几个可以称为公园的小森林。英国的历史非常悠久，树木差不多都用完了，所以剩下的木材都非常珍贵，人们舍不得用它们建造房子。在美国，木头房子比石头房子或砖头房子便宜；而在英国，木头房子要比石头房子贵得多。

英国有很多名胜古迹，例如众多的教堂。美国的教堂很少有超过100年历史的，但是英国的教堂几乎没有一个是不超过100年的，甚至有很多大教堂的历史超过了1000年。英国大部分人都是圣公会的教徒，英国的大部分教堂都是圣公会教堂，而圣公会也被称为英国的国教。

英国有两所在世界上非常著名的大学，这两所大学之间经常举行板球赛、足球赛和划船比赛。其中一所位于泰晤士河河畔，因为那里曾经是牛群蹚水过河的地方，所以这所大学就叫**“牛津大学”**；还有一所大学位于剑河河畔，在河上有一座著名的剑桥，所以它就被起名为**“剑桥大学”**。

如果你读过很多名著或诗歌，就会了解到世界上大部分著名的作家和诗人都在英国住过，其中包括英国最伟大的作家威廉·莎士比亚，以前他就住在艾芬河畔一个叫作斯特拉特福的小镇。

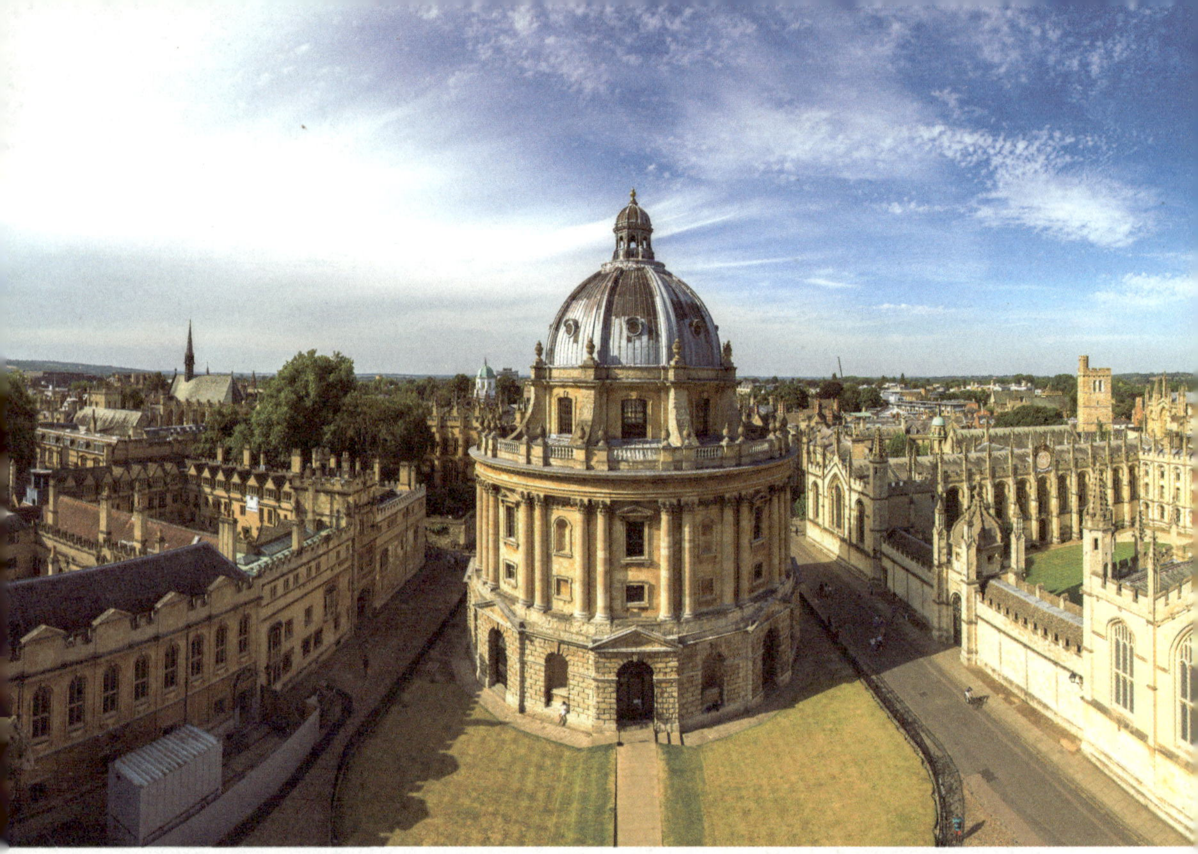

● 牛津大学 ▲

● 剑桥大学 ▼

英国还是一个大量生产布料的国家，包括羊毛料和棉毛料。英国当地养殖绵羊，可以直接用羊毛制成羊毛料，但是生产棉布料的棉花都是从美国进口的。

英国也有种庄稼的田地，但是数量不多，生产的粮食根本就不够供应国内，所以英国的大部分食物要从其他国家进口。英国人吃很多羊肉和牛肉，你在英国的歌曲和故事中经常能听到“古英国的烤牛肉”。

英国国王统治的范围很大，不仅包括英国，还包括周围的几个国家。英国曾经征服过很多国家，在每一片大陆上都有它的殖民地，而那些国家都实施英国制定的法律。

英格兰的邻居

我知道有一个小镇的名字是由27个字组成的，那就是兰韦尔普尔一古因吉尔格一里惠尔恩德一罗布尔兰蒂一西利奥戈戈一戈赫，就像是小孩子胡乱打出的字。但这个名字是真实存在的，它是威尔士的一个小镇，它名字的意思是“位于茫茫白雾中的圣马利亚教堂，附近有一个飞速旋转的旋涡，还有圣泰西里奥教堂，教堂旁边有一个红色的山洞”。这么长的一行字读起来很麻烦，所以当地人和写信到那里的人都直接简称它为“兰韦尔普尔古因吉尔”——连简称都这么长。威尔士和英格兰位于同一个岛上，曾经是两个独立的国家，现在都属于英国的一部分。以前的威尔士人有自己的语言，有很多又长又难读的词语。

后来，英格兰的国王征服了威尔士，所以威尔士服从他的统治，英格兰王还告诉他们，会让一个在威尔士出生而且不会说英语的人当威尔士的国王。威尔士人听后非常开心，他们以为英格兰国王会让一个威尔士人当国王。但他们没有想到，这其实是英格兰王的一个计策。当时英格兰王的儿子刚在威尔士出生没多久，当然不会说英语，所以他就让自己的儿子当上了威尔士的国王，称为威尔士亲王。从那之后，每一任英格兰国王的第一个儿子都做了威尔士亲王。现在很少有威尔士人能说自己的母语威尔士语，所有的孩子在学校学的都是英语，所以你去威尔士旅游不需要会说威尔士语。

英格兰的第二个邻居就是苏格兰，苏格兰也在英格兰岛上，位于英格兰的北边。苏格兰人发明了高尔夫球运动，苏格兰拥有世界上最好的高尔夫球场。苏格兰的居民叫作苏格兰人。以前，苏格兰也是一个独立的国家，有自己的国王。**苏格兰人的服装很有特色，上身是方形披肩，下身不穿马裤而穿短裙，腿上穿着短袜，袜沿向下卷起，即使是最寒冷的天气，他们的膝盖也暴露在外面——苏格兰一般没有特别寒冷的天气。**在苏格兰，每一个家族都称为一个宗族，每一个宗族的披肩和短裙都有自己的格子图案。苏格兰语和英语有很大的区别，但是也有相似之处。他们把“婴儿”称为“小孩”，把“男孩”称为“小伙子”，“女孩”称为“小姑娘”，“漂亮的女孩”叫作“漂亮的姑娘”。

苏格兰有一种非常奇特的乐器，那就是风笛。风笛的主要部分是一个用猪皮做的袋子，用一个管子往袋子里吹气，上面还有几个小喇叭。吹风笛的时候，必须把袋子夹在手臂下面，一边吹管子，一边用手臂挤压袋子，这时候空气就会跑出来，上面的喇叭也就响了。但是风笛的声音很奇怪，听起来就像是猪叫。

苏格兰能制造大型的船只，许多海上航行的船只都是苏格兰的格拉斯哥制造的。格拉斯哥是苏格兰的第一大城市，位于克莱德河的西岸。**爱丁堡是苏格兰的首府，**它位于克莱德河东岸。长老会就起源于苏格兰，就像大部分英格兰人是圣公会教徒一样，大部分苏格兰人都是长老会的教徒。

英格兰的第三个邻居就是爱尔兰，这里盛产土豆，而且当地人非常喜欢吃土豆。从地图上可以看出，爱尔兰的形状就像一个土豆。事实上，**土豆最早只在南美洲种植，**当哥伦布发现新大陆之后，才将土豆带到了世界上的其他地区，从那之后爱尔兰人才开始种植土豆。

爱尔兰岛由两部分组成，北面的那一小部分与英格兰、苏格兰，还有威尔士一起组成了大不列颠及北爱尔兰联合王国（英国），也就是说，北爱尔兰和苏格兰、英格兰、威尔士都归英国管辖；而南边的部分比较大，是一个独立的国家，它就是现在的爱尔兰。

爱尔兰人非常擅长讲故事。有一个故事是这样的，在很久以前，爱尔兰的北边住着一个巨人，他建造了一座大桥，从爱尔兰一直通往英格兰。为了证明这是真的，爱尔兰人常说："看，那里有1000多根石柱从岸边一直延伸到海里，现在这些工作都是用打桩机做的，而以前是没有打桩机的，只有巨人才能完成这项工作。"后来，人们就称这些石柱为"巨人堤"，意思是"巨人的大桥"。

平时你会不会在口袋里放一块手帕？会的。手帕是亚麻布的，还是纯棉的？爱尔兰生产的亚麻布手帕非常有名。亚麻布是用亚麻的纤维做的，一般来说，亚麻布会比棉布结实，而且质地更加柔软，不过价格也昂贵得多。**北爱尔兰的首府贝尔法斯特**非常适合亚麻生长，那里优质亚麻布的产量居世界首位，生产各种亚麻布制品，包括手帕、餐巾和桌布等。

大部分北爱尔兰人都和苏格兰人一样，是长老会的教徒，因为北爱尔兰人的祖先就是从苏格兰迁移过去的。

原来爱尔兰南部的地方也是属于英国的，但是由于当地人不愿被英国统治，所以才自己成立了爱尔兰。**爱尔兰的首都在都柏林，**据说都柏林的人说英语比英格兰人还要纯正，但是爱尔兰人还有自己的语言——爱尔兰语。爱尔兰语的历史非常悠久，爱尔兰人说爱尔兰语的时间比说英语的时间长。现在，还有部分爱尔兰硬币上印有爱尔兰语。

爱尔兰是共和制国家，他们也有总统。

都柏林的南边有一个名字非常奇怪的城市，叫作科克，还有一个叫基尔肯尼的城市。

科克附近有一座废弃的城市，叫作布拉尼城堡，这个城堡上有一块神奇的石头，据说只要吻一吻这块石头就会变得伶牙俐齿，因此，这块石头的名字叫作巧言石。有很多人千里迢迢到那里就是为了去亲吻巧言石，希望自己变得伶牙俐齿。

● 亲吻巧言石

在爱尔兰，几乎所有的人都信奉罗马天主教。1000多年前，罗马传教士曾到爱尔兰传播罗马天主教。爱尔兰雨水十分充沛，植物种类繁多，绿化面积非常广，被称为绿宝石岛。绿宝石是一种非常漂亮的石头，爱尔兰人都非常喜欢绿色。爱尔兰的国旗上有绿色、白色和橙色。绿色是三叶草的颜色，因为爱尔兰盛产三叶草，而且爱尔兰的国花也是三叶草。

圣帕特里克是爱尔兰的守护神，传说就是他把毒蛇从爱尔兰赶走的。

英国的国旗由三个十字构成：一个十字代表英格兰的圣乔治，一个代表的是苏格兰的圣安德鲁，另一个就是北爱尔兰的圣帕特里克。

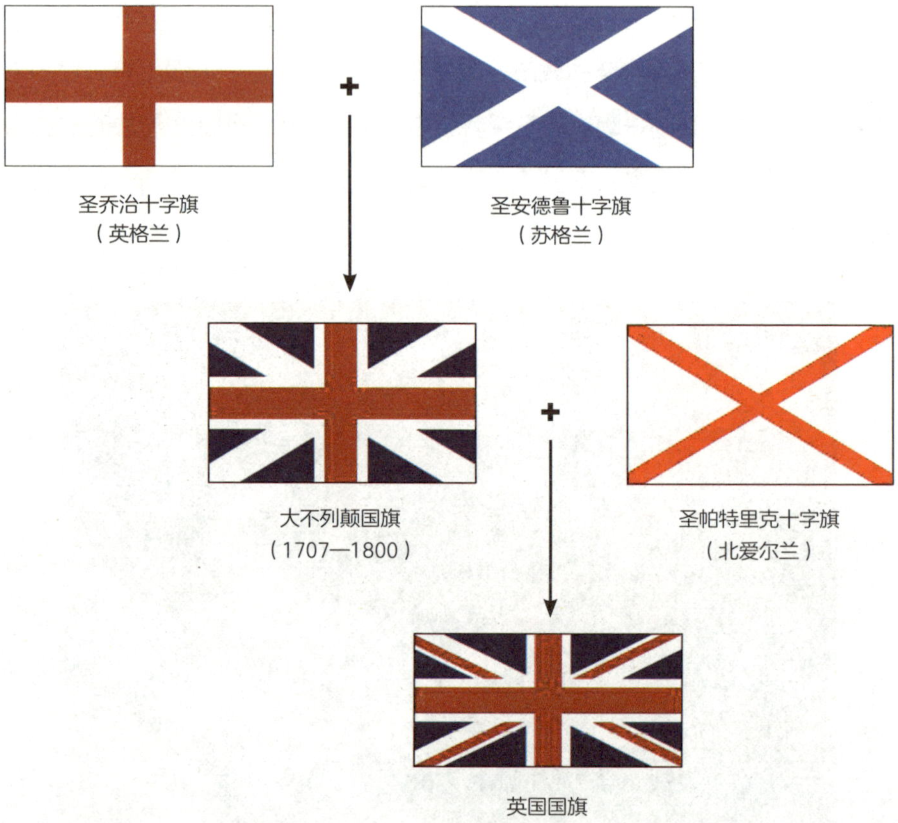

- 英国国旗由三个十字构成：英格兰的圣乔治（上左）、苏格兰的圣安德鲁（上右）和北爱尔兰的圣帕特里克（中右）。

法国

给你出一道脑筋急转弯题：有一个小男孩从来没有上过学，也没有上过法语课，但是他却能讲一口流利的法语，这是为什么呢？哈哈，因为他本来就是法国人啊。历史上曾经有一个时期，很多国家的人都说法语，英国受过高等教育的人和王公贵族也都可以说法语，他们只有对仆人说话的时候才说英语。那时，很多人认为说法语才显得自己高贵。

法国与英国之间只有约48千米的距离，它们之间隔着大海，而且没有桥。两国之间的海峡叫作英吉利海峡，其实也可以叫它法兰西海峡，因为这个海峡并不属于英国。有好多来自世界各地的游泳爱好者都试图游过英吉利海峡，但只有少数人成功了。如果坐船的话，只要一个小时就能穿越英吉利海峡，而坐飞机会更快。

通过英吉利海峡从英国去法国，通常会从英国的多佛尔出发，然后到达法国加来，这条航线最近。虽然这条航线短，但是旅途非常颠簸，好多乘客都会晕船，使原本短暂的行程显得特别漫长。所以很多人都选择在法国的其他地方登陆，宁愿多走一段路程。勒阿弗尔就是其中的一个城市，它位于塞纳河的河口。以前人们就设想过开通海底隧道，而现在他们梦想成真，成功打通了穿过英吉利海峡的海底隧道，这样两国之间通行就方便多了。

英吉利海峡

到了法国之后，可以看到随处飘扬的法国国旗。法国国旗上有红、蓝、白三种颜色，和美国国旗的颜色一样，但是法国国旗只有简单的三个竖条，从左到右依次是：蓝色竖条、白色竖条和红色竖条。每条街道和建筑物上的文字都是法语，因为法国人说的是法语，他们用的钱也和我们不一样，叫作法郎[1]。

❶目前法郎已经停用，法国使用的货币是欧元。

人们常说“你长得真像你爸爸”或者说“你长得真像你妈妈”，但是没有人说你的爸爸或妈妈长得真像你吧？**法国的首都巴黎位于塞纳河的上游，它是法国最大的城市。**有人说巴黎是世界上最美丽的城市，一看到其他漂亮的城市就会想到巴黎，但是没有人说巴黎像其他城市。

伦敦位于泰晤士河上，大型船只只有通过泰晤士河才能到达伦敦，而巴黎位于塞纳河的上游，塞纳河更窄，而且河水非常浅，只有小型船只才能通过塞纳河到达巴黎。塞纳河蜿蜒曲折地流经巴黎。

在塞纳河的一个小岛上有一座纪念圣母马利亚的教堂，它就是著名的**巴黎圣母院**。几百年前巴黎圣母院就已经建好了，它的原料是石头和彩色的玻璃。前面是两座塔楼，中间的塔尖很长，被比喻成“直指天堂的手指”。屋顶被长长的石柱顶着，如果没有石柱，整个屋顶都会塌下来，这样的石柱叫作“扶壁”。在屋顶的边缘雕刻着奇怪的石头动物。这些动物千姿百态，和其他动物不一样，看上去很恐怖，像野兽，也像魔鬼，有的还像鸟类。这些石头动物叫作“怪兽饰”。传说这些恐怖的动物可以吓跑邪恶的灵魂，不让他们进入教堂。

巴黎圣母院

巴黎还有一座著名的教堂，叫作玛德莲教堂。玛德莲教堂相比于巴黎圣母院要新得多，但是建筑风格却比巴黎圣母院还要复古。玛德莲教堂周围没有大石柱，没有窗户、塔楼、扶壁、塔尖，也没有圆顶。

法国曾经也有国王、王后、王子和公主，在塞纳河畔还保留着很多王室以前居住过的宫殿。而现在的法国实行共和制，有一位总统，以前的宫殿都改成了博物馆、艺术馆或者图书馆。**其中最伟大的一座宫殿就是卢浮宫，里面收藏着许多著名的画作和雕塑。**

如果是照片，即使你拍的是名人，拍得再逼真也不会太值钱。但是画作就不同了，判定一幅画好坏的标准不是逼真与否，即使画的是普通人，画得也不逼真，它仍然可能价值连城。在卢浮宫里有一幅举世闻名的画作，画中是一个微笑的妇女，画作的名字叫**《蒙娜丽莎》**。这幅画曾经被人从卢浮宫里偷走，但是因为这幅画太出名了，小偷根本不敢把画卖掉，甚至都不敢把画拿给别人看。过了很长时间，人们才在另一个国家找到了这幅画，最后它又回到了卢浮宫。

人们认为世界上有很多神，还根据自己的想象创造了很多神的雕像。在卢浮宫中收藏着两座伟大的雕像，一座是爱神维纳斯，它是2000年前创作的，后来在希腊的米洛斯岛上被发现，于是就被起名为“米洛斯的维纳斯”；另一座雕像就是有翅膀的天使。维纳斯的雕像没有手臂，而天使的雕像没有头部，但是两座雕像的形态都非常完美。

法国的国会大厦既没有美国国会大厦的圆顶，也没有英国议院的塔楼。不过，法国确实有一座大厦像美国国会大厦和伦敦圣保罗大教堂一样，是圆顶的，但是这栋建筑既不是教堂，也不是国会大厦，它是法国两位著名战士的墓地。其中一位就是拿破仑，拿破仑和乔治·华盛顿生活在同一个时代，他是当时法国的国王，他的骸骨放在圆顶下巨大的大理石箱子里；另一位就是法国著名的将军——福煦，在第一次世界大战中，他是法军的总参谋长。

埃菲尔铁塔是世界上最高的铁塔，它位于塞纳河畔的巴黎。埃菲尔铁塔高300多米，有4条“铁腿”。当你站在4条铁腿的中间往上看，你就会发现整座铁塔就像一个巨人一样，顶天立地。

《蒙娜丽莎》，达·芬奇 作

法国（续）

在巴黎随处可见林荫大道，而且这里拥有世界上最美丽的一条街道。这条街上树木葱茏，一直延伸至落日的方向，美得就像是天堂里的街道，于是人们把它称为**“香榭丽舍大道”**，意思是“天堂之地”。

巴黎还有许多漂亮的广场，其中最出名的就是协和广场。在广场的中间有一块石头做成的纪念碑，叫作克娄巴特拉方尖碑。**协和广场位于香榭丽舍大道的一端，大道的另一端是一扇巨大的拱门，这就是著名的凯旋门。**顾名思义，它象征胜利之门。任何交通工具都不允许通过凯旋门，因为凯旋门下就是法国无名战士的墓地。墓地不分昼夜地燃烧着一团火焰，来祭奠在世界大战中牺牲的法国士兵。

法国人非常喜欢漂亮的东西，比如漂亮的图画、建筑、雕塑等，而且他们在这方面极有天赋。

在日常生活的方方面面都不例外，法国人也喜欢漂亮的鞋子、帽子、衣服、食物，还有优雅的言谈举止。法国的帽子、衣服、食物和言谈举止闻名于世。不过有一点非常让人奇怪，那就是法国著名的时装设计师和美食家都是男性。美国的服装设计师会到法国学习服装设计，而且高级酒店里也聘请

● 在街道旁边就餐的法国人

● 凯旋门

了很多的法国大厨。或许你早就发现了，好多酒店里的菜单都是用法语写的，厨师们不但学会了法国的烹饪方法，连法国的菜名都照搬过来了。法国厨师非常厉害，他们能用普通的面包和骨头做出非常可口的汤。在美国就简单地叫“汤”，而在法国却叫作“浓汤”或者“肉汤”，感觉具体了许多——名字好听的菜似乎味道也会好一点儿。

平时我们都喜欢在家里吃饭，不愿意被别人打扰。但是法国人却喜欢在外面吃饭，有时候在街道旁边，有时候在能够俯瞰街道的地方，吃饭的时候可以看到行人，行人也可以看到就餐的人。法国著名的餐厅基本上都在这样的位置。

法国人喜欢在吃饭的时候喝酒，就像我们喜欢喝牛奶、咖啡一样。法国有很多种植葡萄的大农场，叫作葡萄园，种植的葡萄可以用来酿酒。

布料的来源有好多，比如亚麻、羊毛、棉花、丝绸等。用棉花和羊毛做的布料比较实用，而丝绸主要是为了美观。在爱尔兰，大部分的布料都是亚麻做成的；英国的大部分布料则是用棉花或者羊毛做成的；而爱美的法国人的布料多是用丝绸做成的。我们知道亚麻和棉花都来自植物，羊毛来自绵羊，但是你知道丝绸是怎么来的吗？丝绸来自一种叫作蚕的小昆虫。蚕是蚕蛾的幼虫，它们在自然的环境下可以化茧成蛾。我们平时会用农药杀死很多害虫，因为那些害虫会吃掉我们的菜叶。但蚕是一种有益的昆虫，人们专门用桑叶养蚕，就像我们养鸡一样。蚕宝宝最喜欢吃的就是桑叶。法国有一条河流叫作罗纳河，这条河的山谷专门用来种植桑树，摘下来的桑叶用来饲养蚕宝宝。

蚕宝宝吃了桑叶之后会吐出蚕丝，丝的长度可以达到400米。蚕丝就像蜘蛛网一样，有时候把蚕宝宝包裹起来，绕成一个密闭的椭圆形的球，就是我们说的“茧”。这个时候的蚕宝宝就会变成蛹，开始呼呼大睡，等它们醒了之后，就会变成蚕蛾。但为了制作丝绸，人们不会让蚕蛹变成蚕蛾。当蚕宝宝还在睡觉的时候，必须把茧放到水中煮，直到变软，蚕丝才比较容易被分离出来。这样我们就能用蚕丝做成丝绸，然后再做成衣服、袜子、缎带等。坐落在罗纳河畔的法国城市里昂是欧洲最著名的丝绸产地。

罗纳河向南流入里昂湾，里昂湾是地中海的一部分。**里昂湾最主要的城市是马赛，它是法国仅次于巴黎和里昂的第三大城市，历史比巴黎还要悠久。**马赛位于罗纳河的河口，一直以来都是船只停泊的大港口。

很多女性除了丝绸以外，还非常喜欢香水。**法国的香水是闻名世界的，**法国人能够用漂亮的鲜花或清香的小草制造出宜人的香水。但是法国的香水很贵，一滴就要1

美元，因为生产几瓶香水就要用掉一大片田地里的鲜花。

法国人除了种植桑树、葡萄和鲜花以外，也种植别的东西。法国的大部分居民都是农民，但是他们不住在农场的农舍里，而是住在乡村，所以需要经常往返于农场和家之间。

我从5岁开始用钱罐攒钱，到了12岁的时候已经攒了120美元了。那个时候我开心极了，感觉自己像个百万富翁。法国人都很喜欢存钱，即使自己赚得再少，他们也会存下一部分。所以就算是穷人，也会攒下很多钱，留到自己退休之后用。

法国的女孩子也会自己存钱，结婚的时候就用来买家具、房子，甚至更多的东西，这就是我们所说的“嫁妆”。有的女孩子靠父母给嫁妆，而有的女孩自己存钱作为嫁妆。无论多少，法国女孩子出嫁时都会有嫁妆，因为法国有一个说法：出嫁的时候有嫁妆，结婚之后就能过上幸福美满的生活。

海平面以下的国家

大钟和战场似乎扯不上一点儿关系，但是在法国的北部有一个国家有很多大钟，那里曾经是著名的战场，这个国家就是比利时。

在比利时，你可以在教堂、市政厅和其他地方看到大钟，这些大钟不仅能报时，还能播放美妙的音乐。这里的每一组钟都由五六十块大小不同的钟表组成，较小的钟音调较高，较大的钟音调较低。不同的钟被敲打时会发出不同的声音。钟旁边配有键盘，键盘上的线都连接在钟表上，敲钟者只要敲一下键盘，就会带动钟锤发出各种不同的声音。每次音乐响起的时候，城市里就禁止发出各种声音，人们不能大声喧哗，汽车不能鸣喇叭，大家只能静静地享受美妙的音乐。

以上所说的就是比利时的大钟，但是为什么说比利时与战场有关呢？原来，从古代开始，比利时就是欧洲的主要战场，当然不是比利时的内战，而是欧洲其他国家之间的战争。两次世界大战期间，比利时都是法军和德军交战的主要战场。许多建筑都是在当时被摧毁的，整个比利时都受到了严重的破坏。拿破仑——也就是我们提过的埋葬在巴黎的将军，在比利时的滑铁卢打了一场著名的战役。**拿破仑在那场战役中一败涂地，所以后人就用“滑**

铁卢”来形容惨败。如果你是个常胜将军，无论你在战争还是比赛中遭受了失败，都可以用“遭遇滑铁卢”来形容。比如我们说“这位网球世界冠军遭遇了滑铁卢”，也可以说“这支足球队遭遇了滑铁卢”，都是表示他们的惨败。

比利时的首都是布鲁塞尔，你应该听说过一些产自布鲁塞尔的东西，比如布鲁塞尔花边、布鲁塞尔地毯和布鲁塞尔汤菜。

在比利时还有一个以“布鲁”开头的城市，那就是布鲁日。布鲁日城河流众多，河的上面有很多桥，通常人们出行都是乘船的。比利时靠近法国的那部分领土山地较多，靠近荷兰的地势低平。**“荷兰”一词的意思就是“低地”。荷兰许多的领土都低于海平面，**当地人必须建筑河岸和堤坝来阻挡海水，并且在堤坝中建造磨坊，每个磨坊里都有巨大的四翼风车，不停地把水排出去。

荷兰风车

只有把堤坝修建得非常宽阔、坚固，才能抵挡住汹涌的海水。只要堤坝出现任何小的裂缝，海水就能瞬间冲破屏障，造成洪水泛滥，淹死人和动物，冲坏房屋建筑。因此，在荷兰有人专门管理堤坝，这些人被称为“堤坝监督官”，一旦发现有裂缝，他们就要及时修补。

大约在700多年前，这里出现过一次特大风暴，北海的海水冲垮了堤坝，把许多房屋都冲毁了，还淹死了很多人。那个曾经被水淹没的地方现在有船只来回穿梭，鱼儿在其中遨游。这个地方被人们称为“须德海”。荷兰人打算在须德海重新修建堤坝，来抵挡北海的海水，同时将现有的水排出去。可能在多年以后，那里就会变干，不会再有须德海，也不会再有船只和鱼儿。

美国有很多街道，而荷兰有很多运河。到了夏天，会有大大小小的船只在运河上往来，而到了冬天，人们就会在运河上滑冰。孩子们滑着冰去上学，大人们则滑着冰去上班，多么有趣啊！

荷兰的马非常少，人们通常用狗拉车，或者用自行车载东西。因为狗吃得比马少，而且不需要马厩，自行车也不需要车库。这里的狗经过训练后就能像马一样拉车，能够装运一桶桶的牛奶。但是如果在路上遇到猫就糟糕了，因为狗和猫是很难和平相处的，一见面就会打架。

荷兰的马虽然少，但是他们的奶牛比较多。这里养的奶牛黑白相间，我们叫它黑白花牛，它的产奶量比其他的奶牛多，而且它的牛奶可以用来做奶酪。**荷兰的奶酪非常出名，**通常是大大的，然后封存起来，能保存很长的时间。当然，荷兰还有专门卖奶酪的市场。

荷兰人非常爱干净，卧室、厨房、起居室和餐厅都是干净明亮的。他们喜欢不厌其烦地把屋里屋外一遍遍地擦洗干净，甚至连家附近的通道都要打扫，城里人则连大街都会擦洗得干干净净。荷兰人的奶牛棚和屋子连在一起，他们会把奶牛棚打扫得和屋子一样干净，在窗户上挂上窗帘，墙上还有专门的挂钩，用来在挤奶时挂牛尾巴。荷兰的气候非常湿润，当地人一般都穿木头做的鞋子，进屋前都要把鞋子脱在外面。在荷兰的乡村，男性的裤子像枕套那么宽大，女性则穿着肥大的裙子，戴着白色的帽子。在荷兰，很多地方的名字都是以“丹”结束的，如**荷兰的第一大城市阿姆斯特丹和第二大城市鹿特丹。**

阿姆斯特丹被称作“钻石之城”，但是这里的钻石并非产自荷兰，而是从非洲运来的。钻石刚刚被开采出来的时候看起来一点儿都不像钻石，而像鹅卵石，你根本想不到眼前看到的石头居然可以变成钻石。钻石是世界上最坚硬的东西[1]，无论你是用钢铁工具还是碎石机，都无法把钻石弄碎，即使是砂纸或者锉刀都无法在钻石上留下刮痕，只有用钻石制作的工具才能切割钻石。在阿姆斯特丹，工人用这样的工具切割钻石，再将原石打磨成有许多面的晶莹剔透的钻石。

❶人类目前发现了一种比钻石更坚硬的东西——硫化碳炔，其坚硬度是钻石的40倍。

钻石

西班牙城堡

我小时候常常幻想长大以后挣很多的钱，拥有一套豪华的别墅，阁楼上要有健身房，地下室里有宠物房，客厅里摆满奇珍异宝，餐厅里放一个苏打水喷泉。每当我幻想着我的别墅时，妈妈就会跟我说，那是我的“西班牙城堡”，也就是人们所说的“空中楼阁”。[1]我就问她什么是“西班牙城堡”，她每次都回答：“就是你能想象到的最好的房子。”

❶西班牙城堡：这个词最早出现在法语中，用来表示美好而不可触及的乌托邦、空中楼阁。

● 豪华的别墅

● 塞维利亚大教堂

后来我才知道原来真的有个国家叫作西班牙，现在那里还有许多城堡。

在过去的一段时间内，西班牙曾经就是欧洲的“强国”。当时，西班牙拥有欧洲大片的土地。在哥伦布发现新大陆之后，西班牙就不仅仅是欧洲的“强国”，还成了世界的“强国”。当时的西班牙拥有北美大部分的土地，而且还占领了南美除巴西之外的所有土地，是世界上最强大的国家。但是现在，西班牙的领土已经大大缩小。

西班牙最南部和非洲西北部之间的海峡叫作直布罗陀海峡，虽然它的宽度只有多佛尔海峡的一半，但是海峡和大西洋之间的水流十分湍急，人们花了很长的时间才成功渡过了直布罗陀海峡。英国人在直布罗陀海峡的岩壁上开凿出了像门厅和房间一样大的空间，他们在“窗口”装上远程枪支，士兵能在里面观察到外面的一切情况。战争爆发时，如果有敌人靠近的话，英国士兵就能从里面开枪消灭敌人。

在很久之前，地中海一带的人一直以为地中海就是整个世界，根本不了解地中海以外的地方是什么样的。在那个时代，海员以为只要船只穿过直布罗陀海峡进入大海，就会非常危险。于是，他们想了一个办法来警告人们，他们在海峡的两边立了两根柱子，柱子上挂着一个牌子，上面写着“禁止穿越”。这些柱子被称为赫拉克勒斯[1]柱。他们以为只要穿越赫拉克勒斯柱，很快就会到达海洋的尽头，下面就是无底深渊，连船带人都会掉下去。但是哥伦布不相信这个故事，他勇敢地从西班牙乘船出发了，在赫拉克勒斯柱之外一直航行，最终到达了美洲大陆。

❶赫拉克勒斯：希腊神话中的英雄，是著名的大力士。

❷基督徒：基督教的信奉者。

在哥伦布航海之前，摩尔人居住在西班牙。摩尔人是从非洲迁移来的，在西班牙定居。但是和欧洲人不一样，摩尔人不信奉基督教。摩尔人建造了很多漂亮的宫殿，这些宫殿跟基督徒[2]建造的宫殿不同，其中一个宫殿里住着摩尔人的王子。这座宫殿叫作阿尔汗布拉宫，位于格拉纳达城的山上，离直布罗陀不远。西班牙的基督徒都不喜欢摩尔人，他们与摩尔人经常开战，最后，将其赶回了非洲。西班牙女王在阿尔汗布拉宫接见了哥伦布，在那里为他送行，期待他能够找到新大陆。阿尔汗布拉宫现在还屹立在格拉纳达城的山上，现在的宫殿还被西班牙人维持着原状，供游客们观赏。宫殿的墙壁没有粉刷或者油漆，而是贴着彩色的瓷砖。这里的门是马蹄形的，庭院中有美丽的喷泉和浴池，曾经的摩尔公主就在这个浴池里沐浴。

西班牙有个城市叫塞维利亚，那里有一座大教堂，是世界第二大教堂。这是座基督教的教堂，建于摩尔人被驱逐出西班牙之后。据说，哥伦布的骨灰就埋葬在这座教堂里，但是我在前面讲过，那不是哥伦布的骨灰，而是他儿子的骨灰。哥伦布的骨灰其实还留在海地。

过去，摩尔的妇女经常用面纱遮着脸，如果她们不戴面纱就不能出门。现在，她们也会戴着面纱，但却是为了美观，有的面纱是用蕾丝做的，非常漂亮。她们喜欢在头发上别一把又大又长的梳子，肩上披着非常漂亮的彩色披肩，夏天则会拿着漂亮的扇子。塞维利亚的夏天非常热，那里的人在中午基本上不会外出。在美国，小孩子都会睡午觉，而在西班牙，大人们也喜欢睡午觉。

西班牙城堡（续）

小时候，我曾经翻过栅栏跑到田地里去，但是还没等我反应过来，就有一头公牛向我冲过来。当时我吓坏了，撒腿就跑，拼命地翻栅栏，幸好没有被公牛的角顶到。我觉得公牛一点儿都不好玩。但是在西班牙，每逢节假日，人们都要到露天的斗牛场去看斗牛。

在斗牛场的中间有一块沙地，围着栅栏，人们就坐在栅栏外面观看斗牛比赛。在场地边有一扇门，打开门后就会有一头健壮的公牛冲进场地，一名斗牛士手中拿着红色的斗篷，在公牛面前不断地挥舞着。因为公牛对晃动的红色斗篷比较敏感，它们看到斗篷后就会变得愤怒，然后低着头冲向斗篷。就在牛角快要顶到斗牛士的时候，斗牛士就会敏捷地往公牛的旁边一跳，愤

怒的公牛转身比较慢，只能眼睁睁地看着斗牛士躲开。这样斗牛士就可以安全地逗弄公牛，就像是猫玩弄老鼠似的。最后，斗牛士会抽出一把长剑，猛地刺向公牛，或许你会觉得这样很残忍。但是西班牙人却不这么认为，他们认为，在宰牛之前斗牛，能给人们带来乐趣。

要想成为一名斗牛士，你必须非常勇敢，技术娴熟，而且不能在沙地上滑倒，否则就可能因无法避开公牛而葬身在牛角下。在美国，几乎每个城市都会有棒球馆或者棒球场，棒球是美国的全民运动；而在西班牙，几乎每个城市都会有斗牛场，斗牛是西班牙的全民运动。就连小男孩都玩斗牛游戏：一个人扮演公牛，另一个人扮演斗牛士。

几乎每个国家都有人们最喜欢的运动，比如西班牙的女孩喜欢跳舞。她们会一边用手打着响板，一边跳舞，有时候还会边跳边唱。她们的响板看起来就像是很大的栗子。美国的孩子会在很多地方玩跳绳或者跳房子游戏，而西班牙的孩子则会在各种各样的地方跳舞，比如公园、街边、广场等。即使在塞维利亚大教堂里，在某些宗教节日时，唱诗班的男孩子也会拿着响板在圣坛前跳舞。

西班牙的房子没有前、后院，更没有旁边的院子。他们的院子在中间，四周建造一圈房子。这样的院子叫作天井，经常作为起居室或者餐厅。

如果在西班牙乘坐火车，你可能会看到车窗外有一种很奇怪的树，这种树和美国的树非常不同，它的名字叫作塞子木。平时我们用的瓶塞，当然不是像桃子或者栗子一样直接长出来的，而是用塞子木的树皮做成的。大块的树皮被人们砍下来，加工成大小不一的塞子，之后，塞子木会重新长出新的树皮。大概需要9年的时间，塞子木上新长出来的树皮才能再次用来做成塞子，所以你家里的塞子说不定会和你的年龄一样大，有的可能会比你的年龄还要大呢。

塞子木的树龄非常长，通常会比人类的寿命长得多。西班牙还有一种树龄更长的树，据说可以活1000多年，那就是橄榄树。橄榄树的果实就是橄榄，它就像是绿色的小樱桃。在很久以前人类就开始吃橄榄了，但是到现在为止，还是有很多人不习惯橄榄的味道。橄榄还能榨成橄榄油，我们可以用橄榄油来拌沙拉，它是品质较佳的食用油之一。西班牙人不吃黄油，但都吃橄榄油。他们还能用橄榄制造一种卡斯提尔肥皂，你可能已经用过了，是一种很纯正的橄榄皂。

橄榄树

古时候，人们往往用橄榄枝做成花环献给比赛的胜利者。在战争的年代里，传递和平的信使都会随身携带着一枝橄榄枝。后来，“橄榄枝”就成了和平的象征。在西班牙的一些地区，你坐一整天的火车，会看到窗外全部都是橄榄树。这时候你也许会想：“这么多的橄榄树有什么用呢？”当然有用了，西班牙人根本就离不开橄榄，这就像我们离不开面包、黄油、蔬菜一样。西班牙的橄榄除了供给本国之外，还会大量地向国外出口。

在前面我提到过，人们会说有些漂亮的城市像巴黎，**西班牙的首都马**

德里就是其中的一个。马德里差不多位于整个国家的中心，但马德里的建筑非常矮小，街道也非常窄，不过现在的新马德里有宽阔的林荫大道和漂亮的建筑。如果周围没有人在讲西班牙语，你很可能会认为这里是巴黎或者纽约。以前，西班牙人办事拖沓，他们总是说“明天吧，明天吧”。现在不一样了，今天能完成的事情他们会尽量不拖到明天。在马德里，如果你说你来自美洲，他们会认为你是南美人。对于西班牙人来说，美洲即南美洲。很多西班牙人在美洲发财之后就回到马德里，马德里的房子才是他们的“空中楼阁”。

如果两个兄弟在各自成家之后还住在一起的话，非常容易闹矛盾；分开住，他们的关系也许会好一些。**葡萄牙和西班牙就像是一个家庭里的两个兄弟，因为两国人的生活方式、言谈举止和其他方面都非常相似。**两个国家曾经试过联合起来，但是结果却不尽如人意，最后它们只能各自发展。**他们的共同点是：都非常喜欢唱歌跳舞；都种植塞子木和橄榄树；都喜欢斗牛。**但不同的是，葡萄牙人不会杀死公牛，斗牛的时候会把牛角包起来，这样就不容易令斗牛士受伤了。

山上的国度

在前面我们曾经提到过，**荷兰是欧洲地势最低的国家，而欧洲地势最高的国家是瑞士。**

荷兰平坦得就像球场一样，几乎连低矮的山丘都没有。瑞士也没有低矮的山丘，只有巍峨的山脉。瑞士有西欧最高的山脉，山顶常年白雪皑皑，那就是著名的阿尔卑斯山脉。

● 阿尔卑斯山脉

如果甜甜圈中间不空的话，它就不叫甜甜圈了。同样的道理，如果不存在山谷，就根本没有连绵起伏的山。瑞士的阿尔卑斯山脉的山顶常年白雪皑皑，但是山谷却郁郁葱葱的。牛脖子上挂着小铃铛，惬意地在山谷吃草，脖子上的铃铛不时地叮当作响。融化的雪水从山顶流下来的时候，形成了漂亮的瀑布和湍急的溪流。

你有没有看到过屋顶上的积雪突然成片地滑下来落到地上？这种现象就叫作雪崩。你可以想象一下，如果超过1千米的山坡上的全部积雪突然都滑到山谷里，会有多么危险啊！瑞士就会发生这样的雪崩，严重的雪崩会把山谷中的房子和居民都埋在里面，有时甚至还会埋没整个村庄。

有些又长又宽的山谷中满是积雪，积雪在一定的温度下就会变成冰，可以想象一下，就像一条河从河底一直到河面都结了冰。这些山谷中的冰就叫作冰川。

世界上大部分河流的源头都是泉水，但是瑞士大部分河流的源头却是冰川融化的冰水。罗纳冰川是瑞士最大的冰川之一。你还记得我们前面提到的罗纳河吗？罗纳河真的与罗纳冰川有联系。罗纳冰川融化后的冰水形成小溪，小溪一路流下，越来越宽阔，到了山谷后，又有其他的河流汇入，最后就汇聚成了一条非常宽大的河流——罗纳河。最后，罗纳河流入了山谷，形成了一个湖泊，这就是瑞士最大的湖泊——日内瓦湖。

罗纳河从日内瓦湖的另一侧流出来，一路奔腾，流经法国里昂——那个种植桑树、有众多养蚕农场和丝绸加工厂的里昂，最后汇入地中海。

在欧洲，还有一条和罗纳河的名字非常像的河流，那就是著名的**莱茵河**。其实，莱茵河也和罗纳河一样，源头都是冰川融水。它向北流过法国和德国的边界，然后流经荷兰，最后汇入北海。

世界上有很多人都认为登山是一项非常好的运动。山峰越高，攀登起来越有难度，过程越危险，登山的人就越喜欢。阿尔卑斯山脉最高的山峰是勃朗峰，勃朗峰有一部分在瑞士，但是它的顶峰在法国。每年的夏天都会有很多人攀登阿尔卑斯山脉的勃朗峰和其他著名的山峰。登山杖是登山者经常借助的工具，在它的末端有一个钉子，登山鞋鞋底也有平头钉，这样登山者就能更平稳地走在冰雪上而不至于打滑。同时，他们必须请一位有经验的导游，所有的队员会用一根绳子系在一起，这样即使有人滑倒，其他的队员也能及时把他拉起来。但是，即使防护措施做得很到位，每年还是会有很多人在登山中丧生。有的是在滑倒时摔死的，也有被雪崩埋到雪下而死亡的。

瑞士有一座最难攀登的山峰，那就是马特峰，它看上去就像是一个巨大的尖角。只有经验丰富且非常勇敢的登山者才敢攀登这座山峰。但是，即使你冒着生命危险到达了顶峰，也只是能俯瞰山下的景色而已。不过对于登山者来说，他们的目的很简单，仅仅是为了向世人证明自己“有能力做到”。

● 马特峰

更多的人去瑞士是为了欣赏白雪皑皑的山峰，而不是为了去爬山。瑞士人在山峰、瀑布和其他美丽的风景区都建造了豪华酒店，向游客开放。瑞士有上千家酒店，酒店的收益占政府收入的很大比重。据说，全世界就数瑞士的酒店业最发达。当然，瑞士还有很多有名的东西，比如瑞士牛奶巧克力、瑞士奶酪，这两样东西你可能都吃过。瑞士的手表和军刀也是闻名世界的，还有瑞士木刻、布谷鸟自鸣钟、牛颈铃和音乐盒。

瑞士奶酪，上面有许多蜂窝状的孔

布谷鸟自鸣钟

世界上大部分国家都有陆军和海军来保卫国家安全。但是瑞士是少数没有海岸线的国家之一，所以没有海军。其实，瑞士本来就不需要军队，因为边界高大的山脉就是天然的屏障，能阻挡敌人的入侵。在两次世界大战期间，很多瑞士周边的国家都参与了战争，只有瑞士保持中立。

瑞士与法国、德国和意大利接壤。瑞士没有自己特定的语言，与法国靠近的地区说法语，与德国靠近的地区说德语，与意大利靠近的地区说意大利语，很多瑞士人同时会说这3种语言。

虽然瑞士有很多高山，但是如果你想去瑞士却不需要翻山越岭。瑞士的高山之间也有地势很低的地方，但即使是地势较低的地方，高度也不会低于1.6千米。人们把地势较低的地方叫作山口，其中有一个著名的山口叫辛普朗山口。我们前面曾经提到过拿破仑，他从辛普朗山口率领着自己的军队进入意大利的国境。现在已经有了很多隧道，让你可以轻易穿过这些高山。

瑞士最长的隧道叫作圣哥达隧道。人们当初在挖掘这条隧道时是从两边一起开工的，最后在山体的中间相会。隧道开通后，人们都感到非常神奇，两边同时开凿数千米的隧道最后居然能在中间会合。但是挖掘隧道的工人表示：“这一点儿都不神奇，要是两边碰不到一块儿才是神奇的！我们在挖隧道的时候，不会像鼹鼠一样胡乱地挖一通。在开工之前，我们就做好了周密的规划，当然能准确地在中间会合啦！”

在辛普朗山口下有一条隧道，是全世界较长的隧道之一，全长接近20千米，它的一端在瑞士，另一端在意大利。我曾经坐火车通过这个山口，也曾步行穿越过这个山口。坐火车我只用了16分钟，但是徒步却用了整整两天——当时我是在那里的一个救济院过的夜。人们在那里建造救济院的目的就是让旅途中的人有一个庇护所，可以在天气恶劣时进去避一避。

● 圣伯纳德犬

现在，人们可以既方便又安全地通过隧道，很少会有人再从山口那里徒步穿越了。不过在隧道还没有建成的时候，人们要想从意大利到达瑞士，只能选择走山口，而且还必须夜以继日地赶路。在这个地方，无论什么季节都会发生暴风雪，旅行者也非常容易迷路，甚至被冻死。在救济院里住着善良的修道者，他们可以说就是那里的救命者。在山间的通道旁边有他们建造的小屋，里面养着圣伯纳德犬，它们体形高大，强壮聪明。每条圣伯纳德犬都被修道者精心训练过，一旦发生暴风雪，它们就会被派出去寻找迷路的或者被活埋在雪地里的旅行者。每条圣伯纳德犬的脖子上都会有一个小桶，里面装着面包和酒。圣伯纳德犬的嗅觉非常灵敏，所以它们能够凭嗅觉发现被深埋在雪中的人，然后把人从雪里挖出来，摇晃他的身体，使昏迷的人恢复知觉，再把他们拖到最近的小屋子里。那些被救出的人可以吃小桶里的食物，然后等暴风雪过去之后再继续赶路。无论你是穷人还是富人，高尚的人还是卑劣的人，你都可以在这里过夜，获得食物，并受到很好的招待。救济院的主人从不盘问你的来历与身世，当然，他们也不会向你索要报酬。

你有没有听过威廉·泰尔的故事？瑞士有很多漂亮的湖泊，其中最漂亮的要数卢塞恩湖了，这个湖泊被称作“光明之湖”。卢塞恩湖边有一座小教堂，传说威廉·泰尔就是在这里把放在他儿子头上的苹果射了下来。

威廉·泰尔父子在阿尔特多的雕像

「靴子」之国

不知道你有没有听说过这样一个故事：从前有一个老妇人住在鞋子里，她的家里有一大群孩子，她不知道该怎么办才好，所以只能喊头疼。在欧洲真的有一只“靴子”，里面也住着很多的大人和小孩，这只“靴子”就是意大利。因为**从地图上看，意大利的版图非常像一只靴子。**因为这只“靴子”已经不能够住下那么多人，所以有的意大利人就跑到美洲去了。第一个跑到美洲去的就是克里斯托弗·哥伦布。你可能会感到奇怪：哥伦布不是从西班牙出发的吗？怎么说他是意大利人呢？其实，哥伦布是出生在意大利的，他的家乡是在“靴子”顶部的一个叫作热那亚的城市，现在你还能在热那亚找到他的故居，在热那亚的火车站还竖立着他的雕像。现在有许多船只从热那亚出发，开往美洲大陆，船员们对航线一清二楚，一点儿都不像哥伦布那样需要自己摸索。

在靴子的顶部还有一个著名的城市，这座城市不在水边，也不在水上，而是在水里。整个城市都建在小岛上，街道上都是水，水上还有许多大大小小的桥。你肯定听说过这座城市，它就是威尼斯。在这里，街道被人们称作运河，其中那条最宽阔的被人们称作“大运河”。在这里，所有的人出行都是坐船，根本就没有汽车或者马车。当地的船都是黑色的，中间有一个小仓，就像是封闭的小汽车，在船头还有一个看起来像是梳子似的奇怪的东西。这样的船在当地被称为凤尾船，是意大利特有的。船夫在船舱的后面驾船，他用一支船桨摇着船前进。在运河的十字路口并没有交通信号灯，当凤尾船到达十字路口时，船夫就会吆喝一声"嗬"，听起来有一点儿搞笑，其他船上的船夫听到后也会"嗬"地回应一声，这样船经过十字路口时就不会相撞了。在船上没有喇叭，也没有车轮，船也发不出恼人的噪声。所以，威

威尼斯凤尾船

尼斯是一个非常安静的城市，能时不时地享受美妙的歌声和音乐。

在很久很久之前，威尼斯只有很多的小岛，还没有城市。后来有一个

叫作威尼西亚的民族不断地受到北方蛮夷部落的侵扰，他们就搬到这些小岛上居住，以躲避蛮夷部落。威尼西亚人用不易腐烂的雪松木做成柱子，然后在柱子上面建造房子。威尼西亚人以吃鱼为生，他们的主要工作就是在门外钓鱼或者撒网。他们捕的鱼吃不完的时候，就会用海水晒干得到的盐将其腌制，以便长时间保存。

威尼西亚人一直都生活在水上，是非常出色的水手。他们出没在地中海的各个角落，将他们的鱼和盐卖到其他国家，然后换回丝绸的长袍、毛毯和珠宝。欧洲其他地方的人也会来买这些东西，于是威尼斯就发展成了欧洲最大的市场和购物天堂。自从威尼斯出现，威尼西亚人就被称为威尼斯人。他们变得越来越富有，在运河的旁边建造了很多辉煌的宫殿。威尼斯人相信圣马可能够给他们带来幸运，于是他们建造了一座气势恢宏的教堂来纪念圣马可。他们把他的遗骨找来，放在教堂的圣坛下面。圣马可大教堂和我们说过的所有教堂都不一样，它有5个圆顶，4边各有1个，中间还有1个大圆顶。这些圆顶和圣保罗大教堂及美国国会大厦上的圆顶都是不一样的，它们都是双层的。

平时我们看到的画都是用颜料画的，但你有没有见过不是用颜料画的画呢？其实，你在圣马可大教堂就能够看得到。教堂的里里外外有成千上万幅画，这些画都不是用颜料画的，而是用一些彩色的石头、黄金和彩色的玻璃一点点砌出来的。这样的画就叫作马赛克，它们是不会像普通的颜料画那样褪色或者脱落下来的。

我们可能会养一条狗作为宠物，但是人们认为传说中圣马可是将狮子作为宠物的，在教堂前面的石柱上摆放着一座长着翅膀的狮子雕像。在教堂的

门上方还有4匹青铜马，因为不断更换统治者，这些马从一个地方换到另一个地方，最后流落到了威尼斯。

威尼斯最大的空地，就是圣马可大教堂前面的广场。广场上有成群的鸽子，它们非常温驯，有时会停在你的手上或者肩膀上，等着你给它们喂食。传说有一只鸽子给威尼斯带来了情报，让威尼斯免受敌人的偷袭，从而拯救了整个城市。从那以后，所有的威尼斯人都善待鸽子，伤害鸽子的人会被拘捕，甚至会被判刑。你有没有听说过“美洲大陆是由一只鸽子发现的”这种说法？这可不是传说，因为在意大利语中，“哥伦布”就是鸽子的意思，所以“美洲大陆是由一只鸽子发现的”说的还真的没有错。

威尼斯现在只是一个城市，以前它可是一个小的王国呢！它有自己的货币，有自己的统治者，叫作总督，相当于国家的总统，可以像国王一样住在宫殿里，当然也有权力像法官一样处罚犯人。总督宫殿的河对面就是监狱，中间有一座桥，做了坏事的人被判刑之后就直接从桥上被带到监狱去。有很多犯人都会在这座桥上叹息，所以这座桥后来被称为“叹息桥”。

在威尼斯的大运河上有一座桥叫作里亚尔托桥。在桥的两侧有很多商店，如果说威尼斯是欧洲的购物中心，那么里亚尔托桥就是威尼斯的百货商场，在这里，各种商品应有尽有。**英国著名作家威廉·莎士比亚曾经写过一部名为《威尼斯商人》的戏剧，**其中有一个人就是在里亚尔托桥上开店的。

最初，威尼斯人是靠捕鱼和卖盐为生的，慢慢地才走上了发财的道路。其实，威尼斯人发财还有一个秘密武器，那就是再普通不过的沙子。虽然沙子看起来很不值钱，但是威尼斯人发现将当地的沙子放在熔炉里熔化可以做成玻璃，而熔化的玻璃可以吹成各种各样的东西，就像我们吹泡泡一样。于是他们用这种方法制成了各种各样的容器。吹制玻璃的工匠也能像有名的画家和音乐家一样，成为著名的艺术家，而且还能赚很多的钱。著名的玻璃吹制工匠的作品非常受追捧，而且价格特别贵。在这里，吹制工匠的地位非常高，甚至有一位玻璃吹制工匠还当过总督，吹制工匠的女儿有时候还会嫁给王子。

● 圣马可大教堂 ▲

● 叹息桥 ▼

现在，威尼斯只是意大利的一个城市而已，世界各地的人都会去那里旅游。他们的目的是参观圣马可大教堂和总督宫殿，享受附近著名的丽都海滩，在运河上坐一坐凤尾船，在温暖的夜晚聆听美妙的琴声和动听的歌声。很多女孩都渴望着到威尼斯去度蜜月。

曾经有一个美国女孩从威尼斯寄回家一张明信片，上面写的是：“我在威尼斯哦，这里实在是太棒了！有灿烂的落日、动听的歌声和金碧辉煌的宫殿。我现在正坐在凤尾船上，随风漂流在运河之上，流连忘返。”

意大利这只“靴子”躺在地中海，“靴子”的顶部威尼斯与海洋相交的地方叫作亚得里亚海。威尼斯非常美丽，被人们称作“亚得里亚海女王”。这里真的是一个非常神奇的地方，它以鱼、盐、沙和船而闻名于世。

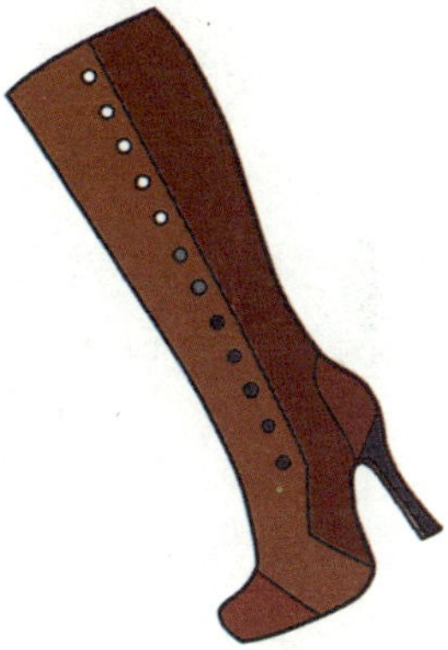

意大利地形

天堂之门与天堂之顶

在意大利，有一条山脉从南到北贯穿整个国家，看起来就像是海怪的脊背，这就是亚平宁山脉。你要想从意大利的东边到西边，就必须穿过亚平宁山脉——坐火车就可以了。在亚平宁山脉上有许多隧道，如果你要从威尼斯到达佛罗伦萨，就必须穿过亚平宁山脉的45条隧道。

佛罗伦萨其实是一个女孩的名字，意思是含苞待放。当你坐着火车在佛罗伦萨前进时，你可以眺望城里的屋顶。城市的中央有一个巨大的圆顶，圆顶的旁边还有一座高大的方形塔楼。圆顶和塔楼都是在哥伦布出生前建造的。圆顶看上去很像是圣保罗大教堂的圆顶，但其实这里的圆顶比圣保罗大教堂建造得还要早，所以应该说是圣保罗大教堂的圆顶像它。事实上，除了圣保罗大教堂之外，还有美国国会大厦的圆顶以及世界上其他地方的很多圆顶都是仿照它建造的。

在很久之前，人们建造的房屋都是小小的、平平的圆顶，直到佛罗伦萨人建造大教堂的时候，人们想要建造一个更大、更漂亮，一个后人无法想象的超级大圆顶。圆顶通常都是用石头建成的，下面是空的，不需要任何的支柱，这和拱桥与拱门的原理是一样的。水泥是不能将石块固定住的，人们

● 圣保罗大教堂

先利用木头架子顶着石块，等所有的石块各就各位的时候，就把木头架子都拿走，石块就会相互咬合，变得严丝合缝，完全不会掉下来。就像是你们放学的时候，如果所有的小朋友都往门口挤，大家就会挤在门口，谁都出不了门。

佛罗伦萨大教堂的圆顶实在是太大了，当时真的没有人知道它是怎么建成的。如果真的先用木头架子的话，就要砍掉几乎整片森林的树木，才能做成足够大的木质结构。甚至有人出主意说，我们堆一座土山吧，在土里埋上很多硬币，然后把圆顶建造在土山上。等到圆顶建成之后，可以让人们自由地去取土里的硬币，他们肯定会把所有的土都挖出来，这样最后就只剩下圆顶了。但是，这样的想法似乎是异想天开的，因为从来没有人尝试过。

最后，有两位一直相互较劲的艺术家，他们都说自己知道圆顶是怎么建成的。其中的一位名叫布鲁内莱斯基，我们就简称他为“布先生”；还有一位是吉贝尔蒂，我们简称他为“吉先生”。这两个人一直都是对手，他们都不愿意告诉对方打算怎么建造这个圆顶。最后布先生接到了这个任务，而吉先生只是他的助手。吉先生当然不乐意了，他就一直对别人说布先生根本就不知道怎么建造圆顶，所以圆顶根本就不可能完成。

布先生刚开始并不理会无理取闹的吉先生，他专心和自己的工人开展工作，直到这个圆顶在中间合龙的时期，也就是整个工程最困难的时候，吉先生还一直说布先生的坏话，取笑布先生。布先生实在受不了喋喋不休的吉先生了，于是假装自己生病，停下了工程。因为布先生一直待在家里，工程就无法继续了。吉先生又趁机说布先生的坏话，说他根本就没有生病，只是在装病罢了，他其实不知道该怎样继续了。

布先生说："我真的病了，吉先生不是说他很会建造圆顶吗？就让他接手建造吧！"

于是人们就找到了吉先生，请他试一试。吉先生兴致勃勃地继续实施工程，但是有了一点点进展之后，就再也进行不下去了。

于是佛罗伦萨的人又到布先生家里，恳求布先生继续建造圆顶。

布先生说："让我继续没问题，只要吉先生不再喋喋不休就可以了。"在人们的监督下，吉先生不敢再说布先生的坏话了，布先生就继续进行这项工程，直到完成世界上第一个这样的圆顶。但是迄今为止还没有人知道他是怎么完成的。

吉先生在建造圆顶的比赛中一败涂地，但是，他在雕塑方面却非常有成就。佛罗伦萨大教堂的对面有一栋低矮的六面建筑——佛罗伦萨洗礼[1]堂，洗礼堂的门都是用青铜做成的，吉先生在门上雕刻了很多栩栩如生的人物和场景。

❶洗礼：基督教仪式，接受洗礼后则正式成为基督徒。洗礼堂则为接受洗礼的场所。

佛罗伦萨的另一位艺术家看到这些门时，说："这些门好漂亮啊，都可以做通往天堂的大门了。"这位艺术家就是著名的雕塑家米开朗琪罗，米开朗琪罗和哥伦布生活在同一时代，都生活在意大利。但是哥伦布很少待在意大利，大部分时间都在外面航海；而米开朗琪罗一辈子都没有离开过意大利，他创作了很多漂亮的素描、油画、建筑和雕塑等。那个时代的艺术家精通各种艺术形式，从项链到教堂，从油画到雕塑，创作出了各种各样的艺术作品。

有一天，米开朗琪罗捡到了一块被人丢弃的大理石。大理石上有一条裂

● 佛罗伦萨大教堂

缝，他从这块大理石中仿佛看到了年轻大卫的形象，于是就用凿子雕刻出了《大卫》[1]。在佛罗伦萨有两座巨大的《大卫》雕像的仿制品，比真人高很多倍。在世界各地也有很多《大卫》雕像的仿制品，我们也可以在家里放置一个。

❶《大卫》：米开朗琪罗的雕塑代表作。

漂亮的艺术作品通常都会被收藏在宫殿中，其实佛罗伦萨的宫殿看上去还有些像监狱，大多数的宫殿都是为了防止外人进入而建造的。过去富裕的家族就居住在这些宫殿中，他们彼此之间根本无法和睦相处，经常吵架、打架，因此宫殿都建造得像堡垒一样坚固。

佛罗伦萨没有威尼斯那样的运河，但是有一条阿诺河，河上有几座桥。其中的一座叫维琪奥桥，意为“古老的桥”，就像威尼斯的里亚尔托桥一样，两边商店林立。很多商店都出售用银、马赛克、皮革和龟壳做的装饰品和纪念品。过去的佛罗伦萨人完成了许多大型艺术作品，现在的佛罗伦萨人则制作了很多小艺术品，卖给成千上万来到佛罗伦萨的游客。

每个人都知道，塔几乎都是笔直的。**距离佛罗伦萨不远处有一个叫比萨的城市，城里面有一座非常奇怪的塔，是倾斜的。它就是著名的比萨斜塔。**比萨斜塔建立的时候是笔直的，后来塔基向一边塌陷，铁塔就开始倾斜了，看起来就像是要倒下去一样。比萨斜塔已经矗立了几百年，一直在慢慢地倾斜，如果继续倾斜的话，将来有一天真的会倒下来。

● 比萨大教堂和比萨斜塔

不知道你是否记得，之前我说过海洋动物的骨骼会变成大理石，大理石的质地各不相同，有的非常粗糙，甚至能够看到里面的骨头，有的很细密。比萨附近有一种露天矿，能开采出细致光滑的大理石。这种大理石叫卡拉拉大理石。从古代开始，人们就从那里开采了大量的大理石，意大利其他地区和世界其他国家的人们要使用优质大理石的话，都会采购卡拉拉大理石。

逝去的城市

2000年前，不管你从哪里出发，一直不停地走，都能来到一座叫作罗马的城市。

后来就有了**“条条大路通罗马”**[1]这句话。当时的罗马是世界上最富裕、最漂亮，也是最重要的城市。

罗马城是在7座山上建立的，那时，7是个吉祥的数字。有一条台伯河流经罗马。

曾经的古罗马已经消失了，如今我们只能见到一些遗迹，但有人说罗马是永恒的。古罗马逝去了，新罗马又开始成长起来，**罗马现在是意大利的首都**。

罗马还是罗马天主教的中心，那里住着罗马天主教的首领，也就是罗马教皇，“教皇”是父亲的意思。这里建造了全世界最大的教堂——圣彼得大教堂[2]。

圣彼得大教堂的顶部有一个巨大的圆顶，是模仿佛罗伦萨布鲁内莱斯基完成的圆顶建造的，但比那个圆顶更大。这座教堂是由伟大的艺术家米开朗

❶条条大路通罗马：谚语，多用来比喻做成一件事的方法不止一种，人生的路也不止一条等着我们发现。

❷1929年2月，意大利承认梵蒂冈为主权国家，圣彼得大教堂现属梵蒂冈。

● 圣彼得大教堂

琪罗设计建造的，米开朗琪罗不仅是一位建筑家，还是雕塑家和画家。圣彼得大教堂非常大，房顶有一个小小的村落，村子里有小小的房子，里面住着看管教堂的人。

圣彼得大教堂的前门从不关闭，前门的右边有一扇青铜门，25年才开一次。这扇门叫作圣门，由石墙围着，每隔25年，推翻石墙，青铜门才打开。圣彼得大教堂中能同时进行30场宗教仪式，为了匹配高大的建筑，教堂中的东西也非常大。天使的雕像和巨人一样，鸽子就像雄鹰一样，只有少数的雕像比例和实物相同，其中的一个就是圣彼得的青铜像。全世界的天主教教徒来到教堂中，都会亲吻圣彼得铜像的双脚。每年来到这里的教徒不计其数，圣彼得的脚趾已经被亲吻无数遍了。

每逢复活节和其他宗教庆典，圣彼得大教堂中就会挂上深红色的绸布，点上几千支蜡烛，唱诗班的男孩唱起圣歌，圣坛上的男孩点起香，缕缕清香飘到高高的屋顶。几百名牧师穿着肃穆的黑色长袍，红衣教主戴着红色的帽子，穿着红色的长袍，教皇则是一袭白衣，队列缓慢而庄严地行进，从主要的通道走到高高的圣坛。

罗马教皇就在圣彼得大教堂旁边的梵蒂冈宫中居住。你家里可能有不止一个房间吧？有些大房子会有十几个房间，据说梵蒂冈宫中有1000多个房间，没人数过准确的数字。许多大房间里收藏着著名的绘画和雕像，成为众多游客参观的博物馆。**教皇有一座私人小教堂，叫作西斯廷教堂。米开朗琪罗在西斯廷教堂的天花板和墙壁上画了很多漂亮的画，如果你想舒服地欣赏这些画作的话，可以平躺在地板上，也可以用镜子照着观赏。**

西斯廷教堂的天花板

在圣彼得出现之前，罗马人信奉许多神灵，罗马有一座为众神建造的教堂，名叫罗马万神庙。罗马万神庙也有一个圆顶，但与圣彼得大教堂的圆顶不同。圣彼得大教堂的圆顶像是一个倒置的大杯子，罗马万神庙的圆顶像是一个倒置的大茶碟。罗马万神庙没有窗户，只有顶部的一个洞，像一只眼睛

● 意大利首都罗马（一）

● 意大利首都罗马（二）

● 意大利首都罗马（三）

注视着天堂。阳光从洞口洒入，雨水也从洞口落下。由于圆顶很高，洞口落下来的雨水在空中就蒸发了，永远也不会将下面的地板打湿。

许多古代建筑如今都只剩下遗址了，但是罗马万神庙却一点儿没变，几乎就和刚建成的时候一模一样。那些古老的建筑周围都积起了厚厚的灰尘，城市里的垃圾也堆积了2000多年，如今的罗马城比那些建筑的遗址高出几米，要看到遗址就必须将它们从土里面挖出来。

古罗马有个著名的广场，叫罗马广场。广场上有许多漂亮的宫殿、寺庙、法院和拱门。当时的人之所以建造拱门，是为了让远赴战场的将军能从拱门下凯旋。其中的一扇门叫作提图斯凯旋门。提图斯曾经是罗马的皇帝，摧毁了犹太人的首都耶路撒冷，提图斯凯旋门就是为了庆祝这场胜利而建造的。另一扇拱门叫君士坦丁凯旋门，君士坦丁是第一位信奉基督教的罗马皇帝。

古罗马人有个奇怪的嗜好：喜欢看人与老虎、狮子等野兽相互厮杀。他们还特地建造了一个大剧场，让观众在里面看人兽之间厮杀，就像我们看足球、棒球比赛一样。在场内厮杀的人中，有的是战俘，有的是罗马皇帝下令处死的基督徒。这个剧场就是著名的罗马圆形竞技场。现在，罗马圆形竞技场已经有部分毁坏，但剩余的部分依然屹立在那里。你现在还可以看到以前关押野兽的地方。

在古罗马不信奉基督教的时候，基督徒是不敢公开祭拜的，他们只能在地下像地窖一样的地方偷偷祭拜。在罗马城外就有许多这样的地方。基督徒生前在那里祭拜，死后就葬在那里。后来人们把这些地方叫作基督徒的地下墓穴，在墓穴里埋葬着几百万的基督徒。

● 君士坦丁凯旋门 ▲

● 罗马圆形竞技场 ▼

高高的「灰堆」

我们都不会认为灰堆好看吧？如果你家后院有一个灰堆的话，一定难看死了。但是，在意大利有一个“灰堆”，它高达1.6千米左右，就屹立在那不勒斯城的后院，所有的人都觉得它非常漂亮。这个“灰堆”就在那不勒斯海湾，当地的居民在海湾边建造了许多房屋和酒店，专门来欣赏灰堆的风景。这个灰堆就是维苏威火山，其实维苏威火山并不是真正的山脉。

古时候，人们相信神话故事，认为地下有一个跛脚的铁匠，他烧着大火炉子打铁，地下冒出的浓烟、火焰和灰烬都是从大火炉里出来的。我们把这种冒烟的山叫作“火山”。

世界上有很多的地方都有火山，维苏威火山是最著名的火山之一。现在我们知道神话故事都是假的，但是在火山底下确实有一个大火炉，只不过没有神话人物在下面打铁。在前文我们也说过，世界上有些火山是休眠火山，它们是不会喷发的，**但维苏威火山是一座活火山。**它就像一个巨大的烟囱，白天可以看到火山口冒出的浓烟和蒸汽，晚上可以看到火山口冒出的火光，不过一直以来都没有什么危害。有的时候，火势会非常猛烈，石块和灰尘都被喷到空中，石块碎片就像灰尘一样在空中飘浮着，有的时候能飘浮好

● 维苏威火山

几个月，甚至会飘浮到离火山很远的其他国家。而正是因为有了火山灰，这里的落日才变得绚丽多彩。

火山火焰的温度比我们平时烧的火温度要高得多。我们平时烧的火顶多能够熔化铜和铁，却熔化不了石头。但是石头一碰到火山喷出的火焰就会像黄油一样，一下子就熔化了，变成了熔岩。熔岩从火山口流下，顺着山坡不断地往下流，冷却后又变成石头。这样的石头就叫作火山岩。在那不勒斯附近有许多的火山岩，当地人经常用火山岩来铺路。

有一次，维苏威火山爆发了，那时我刚好在那不勒斯。那不勒斯的街道上铺满了一层灰色的东西，看上去就像是灰色的雪，其实是从维苏威火山上飘下来的火山灰。当然，这些灰尘是不会像雪一样融化的，当地人必须用卡车把它们运走，送到那不勒斯海湾里去。其实我非常想知道火山里面到底是什么样子，以前有一条铁路可以通到山顶，后来这条铁路废弃了，我们现在只能徒步爬到山上去。登山路上的每一步都有可能陷到火山灰中，我花了半天时间才爬到山顶，从山口往下看，火山口时不时会喷出一些石块，我必须及时躲开它们。后来喷上来的石块实在是太多了，我只好迅速撤离，准确地说，我不是走下来的，而是从上面逃下来的。因为我每走一步都会摔倒，幸亏火山灰是松软的，我才不至于受伤。我就这样连滚带爬地回到了山脚。在火山灰里连滚带爬实在是非常有趣，但是我的衣服就惨了，一点儿干净的地方都没有。我爬了半天才爬上去，但是下来却只用了10分钟。

我们都知道有些小鸟喜欢把房子筑在烟囱旁边，这一点儿都不奇怪。但是你有没有想过要在火山脚下建造一座房子呢？想想都觉得非常危险，因为活火山随时都有可能爆发。以前，维苏威火山附近有一个城市叫庞贝，比那不勒斯离火山还要近。有一天，维苏威火山爆发，还没等庞贝城里的人反应过来，火山喷发的岩浆和烟灰就把整个城市淹没了，将所有的人都埋葬了。庞贝城在地下埋葬了2000多年后，才被挖掘出来。[1]城市中所有的房屋、寺庙、剧院都被挖掘出来供游客参观，游客们漫步在2000多年前的街道上，走进2000多年前的商店和房屋，体验那时候人们的生活。2000多年前的庞贝人绝对想不到在短短的几秒钟之内世界末日就降临了。

❶古城挖掘始于1748年，至1960年接近完成。

没有人知道维苏威火山何时会再度爆发，那不勒斯的人们似乎一点儿都不担心。他们始终在街上快乐地歌唱，全世界很少有像那不勒斯这样的城市，总能看到人们在街上歌唱。

我们在意大利的街上经常可以看到有人在吹口哨，但是很少会看到有人在唱歌。不过，如果你来到那不勒斯，你就会发现有很多人在街上唱歌，尤其是在晚上。出租车司机在唱歌，衣衫褴褛的乞丐也在唱歌，而且他们唱的都是音乐会或者歌剧当中的歌曲。有一位非常伟大的歌唱家曾经就是那不勒斯街头的顽童，后来他去了美国，我们现在还能听到他的唱片，他就是卡鲁索。

意大利语似乎就是为了音乐而生的。有人说如果你会意大利语，你就会情不自禁地想唱歌。我们现在用的很多乐谱都是用意大利语写的，上面的说

● 庞贝城

明也是意大利语。意大利语的每个单词几乎都是以元音结尾的，非常适合歌唱。“钢琴”“大提琴”“女高音”和“女低音”这些词都起源于意大利。

在那不勒斯海湾的对面有一个岛，叫作卡普里岛，它的名字经常出现在意大利的歌曲当中。在卡普里岛岩石遍布的海岸边有一个海洞，只能乘坐划艇从洞口进入。洞口非常低矮，经过的时候必须低着头，海浪高的时候根本就进不去。这个洞叫作蓝洞，洞里的水湛蓝而清澈，会让人感到船是漂浮在湛蓝的天空中的。为什么洞里的水这么蓝呢？如果你从里面装一瓶水带回家做纪念，你会发现，里面的水跟外面的水没什么两样，也是透明的。很奇怪吧？如果有机会，你自己去好好地研究一番吧。

卡普里岛

战争与童话

除了意大利人之外，德国人也非常喜欢音乐，但是这两个国家的音乐风格完全不同。很多德国音乐作品的名声非常响亮，让人能够联想到战争的场面。当然，他们也有温柔甜蜜的音乐，最著名的摇篮曲和圣诞颂歌都是由德国人创作的，如《平安夜》《圣善夜》。具有音乐性的戏剧叫作歌剧，全世界最著名的歌剧也是德国人创作的。[1]

❶这只是作者的观点。

歌剧大师普契尼

摇篮曲和圣诞颂歌似乎很难与战争联系起来，其实德国人除了喜欢音乐之外，还非常好战。你应该知道第一次世界大战和第二次世界大战吧？大部分的国家都参与了这两场战争，在这两场战争中，德国人几乎成了其他国家共同的敌人，还差一点儿就打赢了。

在第二次世界大战结束后，战胜方把德国分成了东德和西德两个部分，以防止德国再挑起战争。东德由苏联管制，西德由美国、英国和法国共同管制。

你喜欢童话故事还是真实的故事？世界上有许多著名的童话故事都是由德国人创作的。德国人写了许多故事、诗歌、歌曲和戏剧，描述了生活在德国莱茵河畔的人的生活，有的是虚构的童话故事，有的是真的事情。前文中我们说过，莱茵河起源于瑞士阿尔卑斯山的冰川融水，沿着德国的西部向北流淌，流经荷兰。

莱茵河的两岸都是陡峭的山坡和岩石。很多年前，山上曾经有许多城堡。在城堡中住着强盗贵族，他们把城堡建在山上，既能对山下的人进行抢劫，又能避开别人的偷袭。山谷中可怜的人只能把自己的一些东西“送给”强盗，否则强盗就会从山上冲下来，抢走自己想要的东西，毁掉他们的房子。由于强盗贵族的城堡非常坚固，山下的人根本就没法对付他们。现在，这些城堡大部分都已经成了废墟。

● 莱茵河

我们都知道古龙水是一种气味浓烈的香水，其实古龙水也叫作科隆香水。科隆是莱茵河上的一座城，“科隆”的意思是殖民地，因为它曾经是罗马的殖民地。在科隆有一座非常大的教堂叫作科隆大教堂。我现在住的房子用了7年才建成，而**科隆大教堂用了632年才建成，是全世界建造用时最长的建筑。**

科隆大教堂举世闻名，但是柏林才是德国最主要的城市。第二次世界大战以前，作为**德国的首都，柏林**是世界上很漂亮、很干净的城市，有整洁的林荫大道、壮观的石头建筑、漂亮的公园和雕塑。在第二次世界大战之后，柏林的大部分地区变成了一片废墟，许多建筑都毁于飞机轰炸中。柏林位于由苏联管制的东德，但是同时由苏联、美国、英国和法国管制。第二次世界大战期间，苏联与其他国家共同作战，一起对付德国。但是战争结束之后，

● 科隆大教堂

苏联与英、美两国的关系却变得非常不好。苏联当时还封锁了铁路和公路，不允许管制西德的国家运送物资进入柏林。美国和英国只能用飞机运送食物和煤炭供柏林人使用。这样的情况一直持续了一年半，最后苏联认为封锁铁路和公路也无法阻止英、美两国进入柏林，于是打开了铁路和公路的通道。在那一年半的时间里，所有的物资都是从西德到达柏林，人们就把那段时间的空运叫作“柏林空运”。

在德国北部境外，有一块伸出来的地方，就像一个大拇指。这个地方不属于德国，它是一个叫作丹麦的小国家。丹麦的一侧是北海，另一侧是波罗的海[1]。德国也与北海和波罗的海相邻，从与北海交界的德国城市去与波罗的海交界的德国城市，必须穿过中间的丹麦，非常不方便，于是德国人就在“拇指”的底部开凿了一条运河，叫作基尔运河。

❶波罗的海：世界上盐度最低的海，位于北欧。

伟大的丹麦人

每次有人惹我的叔叔发火，他都会说“斯卡格拉克、卡特加特”。以前我总是觉得非常奇怪，不知道这两个词是什么意思。后来我才知道，斯卡格拉克和卡特加特都是丹麦附近从北海通往波罗的海的海峡。“斯卡格拉克”是喉咙的意思，“卡特加特”是猫的喉咙的意思。

丹麦主要包括两部分，其中一部分形状就像是一个拇指，叫作日德兰半岛，据说朱特人曾经住在岛上；另一部分是日德兰半岛附近的一个小岛，叫西兰岛，“西兰”是海上陆地的意思。**丹麦的首都哥本哈根**就在西兰岛上，“哥本哈根”是商人的港口的意思，它是丹麦唯一的大城市。以前，许多从北海前往波罗的海的商人都会将商船停靠在这里。现在这些船只会通过基尔运河走近路，不会再走斯卡格拉克海峡和卡特加特海峡了。

你听说过大丹犬吗？大丹犬就来自丹麦。**丹麦有一个非常著名的人物，你可**

能听过他的名字，听过他的故事。他写了很多童话故事，比如《卖火柴的小女孩》和《丑小鸭》。他就是汉斯·克里斯蒂安·安徒生。丹麦人很喜欢“克里斯蒂安”这个名字，有10位丹麦国王都叫这个名字。

1000多年前，丹麦人经常作为海盗抢劫其他国家。现在的丹麦人早就不是海盗了，但是他们仍然擅长航海，都是非常出色的水手。丹麦部分城镇的居民不是水手就是造船工人，或者担任和海运有关的其他工作。

除此之外的丹麦人大都从事和鸡蛋、黄油有关的工作。他们养殖奶牛，制作黄油，养鸡下蛋，将黄油和鸡蛋出口到其他国家。丹麦的鸡蛋上都印着生产日期，一看就知道新鲜不新鲜。丹麦生产的黄油质量非常好，价格也非常高，丹麦人把优质黄油几乎都出口到了其他国家，自己吃掉的都是用脂肪或者油脂制作的黄油。

丹麦是非常适合人类居住的国家之一，丹麦人的平均寿命比其他国家的人都长。人们常常说，如果你想长寿，就到丹麦去吧！

丹麦虽然是一个小国家，但是曾经拥有两个比自己的主要领土还要大很多的岛屿。这两个岛屿位于寒冷的北部，距离丹麦非常远。其中一个是小岛，叫作冰岛；另一个是大岛，叫作格陵兰岛。**现在，冰岛成了一个独立的国家，但是格陵兰岛依然属于丹麦。**很多人都不明白为什么丹麦曾经会拥有这两个奇怪的岛屿呢？冰岛有许多的火山和温泉，冰与火是不相容的，但这个岛的名字竟然叫作冰岛；格陵兰岛才真的是被冰雪覆盖的，我觉得冰岛应该叫“火山岛”，格陵兰岛应该叫“冰岛”。我以前认识一个小男孩，他长得非常胖，他的小伙伴们却总是叫他瘦子，就跟冰岛一样，名字和实际情况完全相反。格陵兰岛上的冰层厚达400米，靠近海边的冰层经常整块掉入水中，大小和一座教堂差不多，慢慢地漂浮在海中，这样的冰块我们称为冰山。

格陵兰岛上也居住着**因纽特人**。你可能会很奇怪：住在冰天雪地的岛上，他们吃什么？因纽特人主要吃捕获的鱼和鸟类等。格陵兰岛上有一种鸟叫作海雀，数量非常多，它们成群结队地栖息在岛上。因纽特人用网就能捕捉海雀，就像用网捕捉蝴蝶一样。他们抓一次海雀就可以吃几个月，外面的环境就像是天然的大冰箱，吃不了的海雀可以放到“冰箱”里冷冻起来。岛上的温度有时会低到零下60摄氏度左右，因纽特人用海雀柔软的羽毛做衣服的里衬，既柔软又暖和。还有一种鸟，名字叫作绒鸭，羽毛比海雀的羽毛更加柔软，叫鸭绒。鸭绒是世界上非常柔软的羽毛之一，可以用来填充被子，柔软且轻便。因纽特人非常喜欢吃绒鸭的鸭蛋，他们每次可以捡到几千个。

● 海象

因纽特人没有普通的牛肉吃，他们只能吃麝牛的肉。麝牛长着钩状的角，身上长满了又粗又长的毛，能在冰天雪地里抵御寒冷。厚厚的毛皮让麝牛看起来非常强壮，但宰牛去皮之后才会发现，其实麝牛非常瘦小。

因纽特人还经常会捕获另一种动物，这种动物既能生活在水中，又能生活在陆地上，而且还长着长长的牙齿，它就是海象。因纽特人会吃掉海象的肉，不过他们的主要目的是获取长长的象牙。

● 海豹

因纽特人喜欢吃的不是瘦肉而是肥肉。对他们来说，每块大大的肥肉都是顿美餐。肥肉当中富含脂肪，能够保暖，生活在冰天雪地里的因纽特人自然会非常喜欢；而生活在炎热地区的人通常不喜欢吃油腻的肥肉。

在格陵兰岛上还生活着另一种动物，这种动物的毛皮可以制作成昂贵的皮草，它就是海豹。因纽特人夏天用海豹皮搭帐篷，岛上的风势很强，必须要用石头压住帐篷的角才能防止帐篷被吹跑。到了冬天，他们就住在用冰做成的房子里。这些房子非常矮小，没有窗户，在里面的人几乎直不起身。因纽特人通常会在地上点一盏灯或者放一个火把。这种灯其实就是在石头上凿一个坑，里面放上一根蘸着油脂或者动物脂肪的灯芯，点上火而已。

因纽特人能够接触到的唯一温驯的动物就是爱斯基摩犬，它们的外形跟狼很像。因纽特人没有马，当然也没有汽车，只能用爱斯基摩犬拉的雪橇来当作交通工具。他们会同时使用4条、8条，甚至更多的犬。我们平时养的犬都很喜欢水，只要是主人允许，它们就会开心地跳到游泳池或者是河里去游泳。但是爱斯基摩犬非常怕水，除非主人在旁边拿着鞭子逼着，它们才会下水。因纽特人却非常勇敢，别说是普通的水，即使是漂浮着冰山的水，他们也完全不怕。他们有一种叫作“爱斯基摩划子”的独木舟，除了中间坐一个人的空间，其他地方完全封闭，即使是翻船了也不会进水。因纽特人擅长划船，他们还有一种专门的水上运动——故意将船打翻，船上的人仍然卖力地往前划——以此展示自己惊人的划船技巧。

爱斯基摩单人划子

因纽特人用爱斯基摩犬拉的雪橇作为交通工具

鱼儿、峡湾、瀑布、森林

你有足够丰富的想象力吗？你看到天空的云彩时，会不会觉得有的像高大的巨人，有的像奔跑的骏马，还有的像蹦蹦跳跳的小兔子呢？如果会的话，那就说明你具有丰富的想象力。

我之所以会感到斯堪的纳维亚半岛像一条鲸鱼，还有一个原因就是在挪威附近的海域里有非常多的鲸鱼。鲸鱼是世界上最大的动物，其实它并不是鱼类。鱼类和鸡一样会产卵，只不过它们的卵非常小。鲸鱼不会产卵，而是像猫妈妈生小猫一样，直接生出鲸鱼小宝宝。鲸鱼像我们一样需要用肺呼吸新鲜空气，你经常可以看到鲸鱼浮出水面呼吸，所以鲸鱼和我们一样，都是哺乳动物。

鲸鱼喜欢吃一种叫作鲱鱼的小鱼，一大口就能够吞掉成千上万条鲱鱼。鲱鱼成群结队地生活在一起，当鲸鱼遇到一群鲱鱼的时候，它就会张开大嘴巴，猛地吸一口，连水带鱼一起吞到肚子里美餐一顿。海里的鲱鱼数量非常多。虽然鲸鱼吃了很多的鲱鱼，但我们仍然有鲱鱼可吃。挪威人用网捕捉很多的鲱鱼，再用盐腌制，用烟熏制或者是直接晒干等方法来保存。他们将大量处理好的鲱鱼干出口到其他国家。今天的早餐，我还吃了一条鲱鱼干，说不定这条鲱鱼以前就在挪威附近的海域游泳呢。

挪威的海岸并不平坦，水中有许多的山脉，自然就形成了许多的山谷。我们把海水中的山谷叫作峡湾。

挪威位于靠近地球北极的地方，你肯定会认为挪威峡湾附近的海水非常寒冷吧？水冷到一定的程度就会结成冰，但是**挪威峡湾的海水为什么从来都不结冰呢？**因为太阳直射着墨西哥湾的海水。你可能会问，墨西哥湾离挪威那么远，太阳直射墨西哥湾和挪威的峡湾有什么关系呢？打个比方吧，我家的地窖中有一个锅炉，燃烧锅炉能够加热管道中的水，即使是离地窖最远的房间也能有暖气。同样的道理，墨西哥湾就像是一个大锅炉，太阳照射后，海水的温度升高，就会形成一股**暖流（即洋流）**。这股暖流就像河流一样进入大洋中，一直从墨西哥湾流到挪威的岸边，挪威峡湾中的海水温度也会随之升高。峡湾温暖的海水非常适合鲱鱼的生长，觅食的鲸鱼经常在峡湾附近出没，挪威的渔民也喜欢在峡湾中捕鱼。

世界上最北端的城市就在挪威，叫作哈默菲斯特，这里也是墨西哥湾洋流抵达挪威的地点。洋流一路带来了许多的木棒，木棒漂流在水面上就像玩具船一样，这样的木头叫作漂流木。挪威人捡来搁浅的漂流木烧火，普通木材燃烧会发出黄色的火焰，而经过海水长时间浸泡的漂流木含有很多的盐分，燃烧时会发出绿色、蓝色或者紫色的火焰。所以，漂流木可以燃起非常漂亮的火焰。

你的妈妈有没有给你吃过鱼肝油？那种味道你肯定不喜欢吧？但是你的妈妈肯定会告诉你，鱼肝油对身体有益。确实是这样的，挪威附近的一个岛屿盛产鳕鱼，而鱼肝油就是用鳕鱼的肝脏做成的。鳕鱼是一种比鲱鱼更大的鱼类，挪威人大量捕捉鳕鱼，然后从它们的肝脏中提取肝油，出口给其他国家。他们还会把鳕鱼的鱼骨剔除，再将鳕鱼肉晒成鱼干食用。

鱼儿、峡湾、瀑布、森林（续）

世界上鱼最多的城市就在挪威的一个峡湾上，这个城市就是卑尔根，所在的峡湾叫作卑尔根峡湾。当地渔民会把捕捞到的鱼送到卑尔根，再通过船只运到其他国家。在卑尔根你会看到各种各样的鱼，有大鱼、小鱼，身体厚厚的鱼、身体薄薄的鱼，黑色的鱼、白色的鱼……

卑尔根除了鱼最多之外，还有一个“最”——欧洲最湿润的城市。当地人几乎每时每刻都会随身携带着雨伞或雨衣，因为没有人知道什么时候会下雨。这里几乎没什么晴天，下雨的时候，如果我们用水桶接水，通常很长时间才能接到3厘米，除非是很大的雨。桶里的水量就是我们常说的降水量，是用积水的深度来衡量的，如果下雨天路上的积水漫过你的鞋子，你就会认为是下了大雨吧？但如果用桶接的话，桶里的积水其实是到不了3厘米的。很少有城市一年降雨量能够达到30厘米，卑尔根一年的降雨量却可以达到8个30厘米。幸亏这些雨不是一次性降下的，否则这座城市里所有的人都会被淹死。

几乎每个美国家庭都拥有汽车，而几乎每个挪威家庭都会拥有船。挪威人也是著名的水手。

很久以前，挪威人就以航海探险而闻名。其中最著名的一位航海探险家叫雷夫·埃里克森，他是著名的航海探险家埃里克的儿子。雷夫·埃里克森生活在大约1000年前，比哥伦布到达美洲大陆早了约500年。他当时对美洲大陆没有什么想法，回挪威之后也没怎么提这个地方，所以后来人们说到发现美洲大陆就只会想到哥伦布。

挪威还有很多著名的航海探险家。因为挪威离北极很近，所以总是有人想到北极去探险。**你站在北极点转个身，时间就过了24小时。**很多人都冒着生命危险去北极点和南极点探险，也有不少人因此丢了性命。我知道有两个人没有死，但是也没有成功，其中一个叫南森，另一位叫阿姆森。阿姆森开着飞机向北极出发，后来人们就再也没有他的任何消息了。后来有一位叫皮尔里的美国探险家成为第一个到达了北极点的人，他也成功抵达了南极点，从那之后，还有一些飞机和挪威的一艘飞船试着飞过北极点。

下雪的时候，我们会穿着套鞋出门，但挪威人和瑞典人在下雪的时候会在脚上套两块长长的滑雪板，就像是小小的雪橇，能在雪里滑动。他们双手各持一根手杖，辅助自己前进。

你见过白色的黑鸟吗？肯定没有见过。那你见过白色的煤炭吗？在挪威和瑞典就有很多白色的煤炭。你肯定会觉得很奇怪吧，煤炭怎么可能是白色的呢？让我慢慢告诉你吧！挪威和瑞典的山上都是厚厚的冰雪，冰雪融化成水，从山上流下来，形成了许多瀑布。瀑布可以推动轮子转动，机器就能够运转起来，就像是煤炭能让机器运转一样。挪威跟瑞典根本没有煤炭，但是冰雪融化的水形成的瀑布产生动力可以发挥同样的作用，于是我们称这些瀑布为“白色的煤炭”。

白色的煤炭和黑色的煤炭是有区别的，白色的煤炭不能产生热量。瑞典的北部有铁矿，我们都知道铁可以制作各种各样的工具，但瑞典没有煤矿，无法从铁矿中提炼出铁。瑞典人只能把铁矿石出口到煤炭资源丰富的英国。

你肯定见到过冰天雪地里松树的照片吧？松树和白雪似乎总是形影不离

的，挪威和瑞典有许多松树林。松树的树干又高又直，很适合做船的桅杆、旗杆、电线杆和建筑木材等。松树还适合做火柴梗，一棵松树的树干能做很多的火柴梗。你看看家里用的火柴，火柴盒上可能会印有“瑞典制造”的字样。瑞典人把小一点儿的树制成木浆，用来造纸。我之前也说过，我们所用的各种纸，包括报纸、包装纸，还有写字的纸几乎都是用木材制作的。瑞典人砍下树之后，就把它们锯成圆木，滑到小溪里。圆木从小溪漂到海里，人们再用船只运到世界各地。瑞典人砍伐大树的同时，也会很小心地照料小树苗，这样他们就能有源源不断的木材资源了。

● 滑雪的挪威人

给孩子的极简世界地理 3

[美] 维吉尔·莫里斯·希利尔 著

艾夏 译

文化发展出版社
Cultural Development Press
·北 京·

图书在版编目（CIP）数据

给孩子的极简世界地理．3 /（美）维吉尔·莫里斯·希利尔著；艾夏译．— 北京：文化发展出版社，2024.6

ISBN 978-7-5142-4349-9

Ⅰ．①给… Ⅱ．①维… ②艾… Ⅲ．①地理－世界－青少年读物 Ⅳ．①K91-49

中国国家版本馆CIP数据核字(2024)第098217号

给孩子的极简世界地理 3

著　　者：[美]维吉尔·莫里斯·希利尔
译　　者：艾　夏

出 版 人：宋　娜　　　　责任印制：杨　骏
责任编辑：肖润征　刘　洋　　　　责任校对：岳智勇　马　瑶
策划编辑：唐　三　史英男　　　　封面设计：万　聪
出版发行：文化发展出版社（北京市翠微路2号 邮编：100036）
网　　址：www.wenhuafazhan.com
经　　销：全国新华书店
印　　刷：河北文扬印刷有限公司

开　　本：710mm×1000mm　1/16
字　　数：210千字
印　　张：20.5
版　　次：2024年6月第1版
印　　次：2024年6月第1次印刷

定　　价：128.00元（全3册）
I S B N：978-7-5142-4349-9

◆ 如有印装质量问题，请电话联系：010-68567015

让我们开启世界地理之旅吧

目录

001 太阳不落山的地方
005 熊国
010 粮仓
013 和人或地方有关的东西
017 诸神的国度
021 沙漠之舟
023 逝去的国家
026 鱼米之乡
030 伊甸园
034 故事的国度
037 狮子和太阳
041 与美国地理位置相对的国家
046 与美国地理位置相对的国家（续）
052 白象
057 把温度计冻住的地方
060 巨大的海蛇怪
065 明信片
071 人造“山峰”
077 荒芜的沙漠
081 黑人的土地
086 动物的乐园
092 财富之地
099 旅途结束

太阳不落山的地方

童话《爱丽丝镜中奇遇记》中有个故事《海象与木匠》，它的开头是这样的："灿烂的阳光洒在海面上……到了半夜，太阳仍然挂在空中。"太阳半夜还挂在空中？你肯定认为这种现象只有在童话里才会出现吧？但是挪威和瑞典的北部真的有这种景象。在挪威最北端的地方有一块巨大的岩石，直插到北冰洋之中，被称为北角。那里没有人居住，其他地方的人经常乘船到那里去观看夜晚阳光洒在海面上的情景。

我们都知道，**太阳从东边升起，从西边落下——我们看到的情况确实是这样的。但是在挪威和瑞典北部的小朋友和我们看到的情况可是不一样的。**在那里，太阳不总是东升西落，有半年的时间，太阳就是低低地挂在天空中，离地面非常近，一直都不会落下去。在整整半年时间里，太阳一直挂在空中，每天都是白天。这半年内，太阳离地面越来越近，最后终于落下去了。接下来的半年，那里的小朋友都不会见到太阳，每天都是黑夜。

你可能会感到奇怪：这怎么可能？难道他们看到的太阳和我们看到的太阳不是同一个吗？

太阳当然是同一个，因为只有一个太阳。我们住在地球的一端，当太阳到达地球的另一端时，我们就看不到它了，我们所在的这一端也就进入了黑夜。如果我们爬上地球的顶点，比如北极，在夜晚也能看到太阳。打个比方，如果你住在山的一侧，有一个小伙伴从山的另一侧过来看你。你可以在自己住的地方看到他下山，当然你也可以看到他上山。但是他一旦走到山的另一侧，你就看不到他了。太阳的运动也是同样的道理。地球的北极常常被称作“夜半太阳的土地”，因为有半年的时间，太阳在半夜还会挂在天空中。其实也可以叫作“正午漆黑的土地”，因为也有半年的时间那里每天都是黑夜。

地球的北极生长着驯鹿，传说那里是圣诞老人[1]生活的地方。那里冰天雪地，除了苔藓，其他植物几乎不能生长，而驯鹿就是靠吃苔藓为生。北极居住着拉普人。拉普人看上去非常像因纽特人。拉普人和驯鹿住在同一间房

❶圣诞老人：西方神话传说中的人物。在传说中，他会在圣诞节前夜悄悄赠送礼物给小朋友。

子里。他们既能把驯鹿当成马，拉着雪橇，又能挤驯鹿的奶喝，还能吃驯鹿的肉，用驯鹿的毛皮制作衣服和帐篷。

挪威和瑞典其他地方的人长得和美国人很像，不过我总觉得他们比美国人更加聪明，接受过更好的教育。我认识的人当中，有一个瑞典人能够说12种语言；有一个瑞典人发明了不经过脱脂，就能把奶油从牛奶中分离出来的方法；还有两个瑞典的男孩发明了一种机器，能通过加热制作冰块。

瑞典和挪威曾经是一个国家，被同一位国王统治，但是后来变成了两个国家，有各自的国王和首都。

可能你爸爸小时候玩的地球仪上，**挪威的首都**还是克里斯丁亚那，但现在已经改名为**奥斯陆。瑞典的首都是斯德哥尔摩。**奥斯陆和斯德哥尔摩都在海上，不过没有受到北大西洋暖流的影响，冬天海港的水会全部结冰，船只无法通行。斯德哥尔摩有很多运河，因此经常被称作“北方的威尼斯”。

在美国，玛丽和约翰是我见过的最平常的名字。斯堪的纳维亚人也非常偏爱某些名字，比如奥利、汉斯、埃里克和彼得也是很常见的名字。有时我们会在名字后面加上一个“逊”字，从而组成一个新的名字，比如约翰变成约翰逊。斯堪的纳维亚人非常喜欢在名字后面加上一个“森”字，构成新的名字，比如埃里克森、奥勒森、汉森、彼得森、南森、阿姆德森等。如果你住在威斯康星州或者明尼苏达州，当你翻开电话簿，你就会发现有非常多这样的名字。没错，后来很多的瑞典人和挪威人都来到了美国，在威斯康星和明尼苏达这两个州定居下来，因为这两个州的环境跟他们的祖国非常相似。很多挪威语的单词和英语单词非常像，当然不是说挪威语模仿英语，应该说是英语模仿了挪威语。在很久以前，挪威的水手定居在英国，几千年后，我们仍然沿用着当时挪威人用的词语，只是其中的一些发生了一点点改变而已。

很久以前，斯堪的纳维亚人是非常凶残的战士，他们非常喜欢喝一种叫作蜂蜜酒的烈酒，还会把敌人的头骨当成酒杯。他们信奉很多神话中的神，比如雷电之神托尔和战争之神蒂乌。他们还根据不同的神创造了“星期二”“星期三”“星期四”和“星期五”这四个挪威词语，现在对应的英语单词和那时候的挪威语非常相近。

我们都知道一种叫作达纳炸药的强性炸药，这种炸药是一个瑞典人发明的。他去世的时候留下了一笔巨额遗产，并立下遗嘱，把这笔遗产每年的利息拿出来奖励那些为人类做出巨大贡献的人。无论他们来自哪个国家，只要是为人类做出了巨大的贡献，就可以得到奖励。每一年，评奖委员都会进行严格的筛选和审核，然后选出贡献最大的一些人，将这个奖颁发给他们。你可能猜到了，这个人就是**诺贝尔，**这个奖就是我们所熟悉的**诺贝尔奖**。美国的西奥多·罗斯福总统和伍德罗·威尔逊总统都获得过诺贝尔和平奖，还有一位名叫拉尔夫·约翰逊·本奇的美国黑人也获得过诺贝尔和平奖。**如果你为世界做出了巨大的贡献，你也可以获得诺贝尔奖。你觉得自己能不能获奖呢?**

诺贝尔和平中心

熊国

当我还是一个小男孩的时候，我就非常喜欢与俄罗斯狼群有关的故事。俄罗斯人乘坐雪橇出门，在雪地里前进的时候，突然遇到一群狼的袭击。坐在雪橇上的人用力地用鞭子抽马，加快了雪橇的速度，但是狼群也加快了速度，逼得很近。正当狼群要扑上来的时候，雪橇上的人往后面扔了一些吃的，狼群就停下来吃了一会儿。但是没过多长时间，狼群又追了上来，拉雪橇的人只能不断扔出食物，直到把食物全部扔完。你猜一下结果会是什么？我就不告诉你啦，你可以自己去找找这个故事，也可以自己编个结尾。

我想说的是，看了这个故事之后，我一直以为俄罗斯有非常多的狼，是“野狼之国”。但是后来我才知道，**人们经常称俄罗斯为“熊国”**。

俄罗斯的国土面积非常辽阔，是欧洲最大的国家，欧洲其他国家的面积加在一起才和它的面积差不多。俄罗斯的北部确实是冰天雪地的，有坐着雪橇的人，也有很多的狼群。但是俄罗斯的中部就不太寒冷，南部则更加温暖。

俄罗斯的北部非常寒冷，夏季地面表层解冻，但是地下仍然是冰冻的，有一层又厚又硬的冰层，这样的地面叫作冰原。俄罗斯的北部有方圆几千千

● 狼

米的冰原。

俄罗斯北边毗邻白海，南边靠着黑海。我想，人们之所以把北边的海叫作白海，也许是因为它一年的大部分时间都被冰雪覆盖着。当然，夏季里有几个月的时间白海是会解冻的。这个时候许多的大船就可以进入白海了，它们载着各种各样的货物抵达阿尔汉格尔斯克，阿尔汉格尔斯克是白海最大的港口。

你可能会感到奇怪：为什么会有人住在那么寒冷的地方呢？他们为什么不搬到环境好的地方居住呢？人们一般都会选择居住在能够生存的地方。一个可以生存的地方开始也许只有几栋房子，后来随着房子和居民的增多才有了城市。距离阿尔汉格尔斯克很远的一个城市却是一个例外。这个城市是一个叫彼得的人一次性建造成功的。当时彼得是沙俄的沙皇，沙俄就是俄罗斯以前的名字，沙皇则是这个国家的最高统治者。彼得非常喜欢航海，就想住在海边，能够随时出海，于是他就在海边建造了这座城市，建起了街道、商店、房屋或宫殿。成为沙皇之后，他就下令其他地方的人搬到这个城市居住。彼得这个名字是根据圣彼得起的，他就把这个城市命名为“圣彼得堡”，意思是圣彼得的城市。这已经是200多年前的事情了。

俄罗斯参加第一次世界大战的时候，与德国成为敌人。圣彼得堡的人不想再用“圣彼得堡”这个名字，因为很多德国城市的名字都是以“堡”字结尾的。他们很想给城市选一个具有俄罗斯特色的名字，于是就改成了“彼得格勒”。后来，人们厌倦了战争，不想再继续打仗。有人发起了革命，处死了沙皇，成立了自己的政府。这场革命的领导人就是列宁，为了纪念列宁，人们又把彼得格勒改成了“列宁格勒”，意思是列宁的城市。这个城市前后改了两次名字，一直作为俄罗斯的首都。但是因为列宁格勒的气候非常寒冷，**后来人们就把首都迁到了俄罗斯中部的一个气候适宜的城市，就是现在的莫斯科，莫斯科的天气确实是暖和一些。**

革命者把富人的豪华住宅和宫殿变成了医院和公共设施，占领了富人的土地后租给农民和工人。在俄罗斯的所有地区都建立了苏维埃社会主义共和国联盟，简称“苏联”，而莫斯科就是苏联的首都。

莫斯科有一片围着围墙的宽阔区域，里面有房子、宫殿和教堂。这片建筑叫克里姆林宫，相当于俄罗斯的国会大厦。美国的国会大厦只有一栋建筑，而克里姆林宫有一片建筑。在共产主义革命爆发之后，克里姆林宫的教堂就不再作为教堂使用了，而是和富人的宫殿一样，变成了博物馆和政府的驻地。

克里姆林宫的附近有一个宽阔的广场，它的名字叫红场。红场的一侧有一个平顶的建筑，那就是列宁的陵墓。俄罗斯经常会在红场举行阅兵仪式，国家领导者会站在列宁陵墓的顶部检阅军队。

这个广场之所以被称为红场，是因为红色是革命的颜色。俄罗斯的国旗

● 克里姆林宫

● 红场

中也有红色，他们的共产党革命的时候称自己为“红军”。

俄罗斯人非常喜欢音乐，也非常热爱自己的国家。世界上有很多经典的音乐就是由俄罗斯人创作的。他们工作的时候非常喜欢唱歌，士兵训练的时候会唱歌，工人干活的时候会唱歌，甚至连关在监狱里的犯人也会唱歌。当然，犯人唱的通常都是非常伤感的歌。

粮仓

俄罗斯北部的土地常年被冰雪覆盖，看上去白茫茫一片。

俄罗斯南部的土地像煤炭一样黑，非常肥沃，我猜它可能是全世界最肥沃的土地了。这样的土地我们称之为“黑土地”。在美国，最肥沃的土壤也只有几厘米厚，再往下就是植物无法生长的岩石和黏土了。但是在俄罗斯，肥沃的土壤很厚很厚，在有些地方不停地往下挖的话，挖出相当于我们身高三四倍的坑之后，才能看到岩石和黏土。在美国的新英格兰地区有很多农田，但肥沃的土壤层很薄，耕种了200多年之后，现在已经非常贫瘠，根本无法再种植庄稼了，当地的农民只能搬到其他地方居住。但是俄罗斯的土壤似乎永远都是肥沃的，那里的农田已经种了几千年，仍然非常适合庄稼生长。

黑土地上可以种植小麦，小麦磨成面粉就能制作面包，因此俄罗斯这个有黑土地的地方被称为“粮仓”。那里还生长着一种非常奇怪的植物，叫作向日葵。向日葵的花朵会跟着太阳一起转动。那里有一望无际的向日葵地。当地的人们种植向日葵当然不是为了观赏，而是为了收集向日葵的种子。俄罗斯人喜欢吃葵花子，就像美国人喜欢吃花生一样。葵花子就是我们常说的瓜子。它的主要用途是榨油，这种油非常适合拌沙拉，还可以用于生产肥皂和其他的东西。

全世界最大的湖泊就在俄罗斯的黑海旁边，很多河流汇入这个湖泊，但是没有河流流出。随着水分的蒸发，湖里积累了越来越多的盐分，湖水越来越咸，就像是一个小小的海洋。因此，它被人们称为里海。

《爱丽丝梦游仙境》中的三月兔说过这样一段话：你可以从水井中打水，就一定能够从糖浆井中打糖浆。同时，你也可以从油井中打石油。里海的一侧有一个叫作巴库的城市，石油资源非常丰富，有很多大油井。巴库随处都可以看到石油，闻到石油的气味，感受到石油的存在。没有河流从里海流出，所以船只无法从巴库直接到达海洋，只能将石油从巴库运到可以装船的地方。最近的地方就是离黑海超过1100千米的巴统。当地人在地下铺设了一条长达1100千米的管道，将石油从巴库输送到巴统，然后再装到油轮上运到世界各地。

欧洲最高的山脉和最长的河流都在俄罗斯。最高的山脉就是俄罗斯南

部的高加索山脉，位于黑海和里海之间，比阿尔卑斯山脉更高。

大部分河流的水流都非常湍急，不停地向前涌动。**欧洲最长的河流水流速度却是最慢的，它就是位于俄罗斯的伏尔加河。**伏尔加河的水流速度非常缓慢，你甚至很难辨别河流是往哪个方向流动的。伏尔加河缓缓流入里海，这里盛产鲟鱼，鲟鱼的卵可以做成鱼子酱。据说鱼子酱的味道非常鲜美，但是有很多人不习惯它的味道。鱼子酱可能是最昂贵的食物了，1克鱼子酱比100克牛排还要贵，或许正是这个原因，人们才那么喜欢鱼子酱。

世界上最珍贵的金属不是白银，也不是黄金，而是白金。白金看上去很像白银，全世界的储量稀少，比黄金还珍贵。俄罗斯东部边境有一条山脉，叫作乌拉尔山脉。乌拉尔山脉比较低矮，山中有非常丰富的白金资源。

石棉

俄罗斯还有一种非常奇怪的矿物，就像是一束束的丝线，可以做成布料。这种矿物叫作石棉，也因为它，用它做成的石棉布可以防止燃烧。据说在很久以前，一位国王拥有一块石棉做的桌布。人们那时并不了解石棉，国王每次用餐后都把桌布丢进火炉，一会儿再拿出来，桌布一点儿都没有烧坏，客人们都感到非常神奇。我们现在用石棉制作管道、消防员的制服和屋顶等，非常安全，不用担心它会燃烧。美国和加拿大的很多地区也有石棉。

和人或地方有关的东西

世界上有成千上万座城镇，有很多你可能连名字都没有听说过。那些地方也住着很多人。同样，他们可能也没有听说过我们住的城市。有很长的一段时间，在俄罗斯和欧洲大陆其他部分之间有很多小国家。在别人看来，这些小国家并不重要，但是对于居住在当地的人们来说，每个国家都非常重要。在这些国家之中有的国家的名字是以“克”结尾的，有的是以“夫”结尾的，有的是以“兰”结尾的，有的是以“利”结尾的，还有的是以“亚”结尾的。除非是非常喜欢集邮的人，否则其他国家的人可能根本就没有听说过这些小国家的名字。

芬兰位于俄罗斯和斯堪的纳维亚半岛之间。“芬兰”的意思是湿地遍布的土地，芬兰国内确实有许多的湿地和湖泊，在某些方面和挪威与瑞典非常相像，如芬兰也有峡湾，也生产纸张和火柴。芬兰也是共和制的国家，有一位总统。

还有一个以“兰”字结尾的国家是波兰，“波兰”的意思是平坦的土地。波兰的国土面积和芬兰相当，有很多农田、铁矿和煤矿。许多有名的音乐家都是波兰人。

❶1993年1月1日，捷克斯洛伐克分成了捷克共和国和斯洛伐克共和国两个独立的国家。

波兰的南部以前有一个狭长的国家，名字非常有趣，叫作捷克斯洛伐克[1]。我有一套瓷盘，上面印着“捷克斯洛伐克制造”。捷克斯洛伐克以前大量生产瓷器和玻璃制品，但是我不知道现在是不是还在生产。

历史上曾经有一个非常伟大的国家，叫作奥匈帝国——现在的奥地利和匈牙利是两个独立的国家。**有一条著名的河流流经奥地利和匈牙利，它和莱茵河齐名，叫多瑙河。**有许多童话故事、诗歌和音乐作品都是与多瑙河有关的，比如**著名的华尔兹舞曲《蓝色多瑙河》**。蓝色多瑙河流入黑海中。**奥地利的首都是维也纳，**维也纳曾经以饭店和美食著称。现在美国也有维也纳风味的饭店，有出售维也纳面包卷的地方。

“匈牙利”的含义之一是匈奴人的土地。匈牙利人种植大量的小麦。你吃过匈牙利的红烩牛肉吗？匈牙利的红烩牛肉味道非常浓重，里面放了很多的胡椒和其他调料。有些饭店中，还有管弦乐队演奏匈牙利的音乐。匈牙利的音乐和吉卜赛的舞蹈伴奏乐非常像，时而缓慢，时而明快，时而温和，时而雄壮，中间还有跳跃的旋律。有一点非常奇怪，很多匈牙利人与中国人有关联，这些人被称为马扎尔人。

吉卜赛人在各地流浪，以看手相和算卦为生。大部分吉卜赛人都来自匈牙利和它的邻国罗马尼亚。罗马尼亚和黑海交界。据说在很久以前，罗马人曾经在这里定居。根据“罗马”一词把这个国家称为“罗马尼亚”。现在的罗马尼亚语还有点儿像罗马语和意大利语。

在黑海的西边还有一个国家叫作保加利亚。保加利亚有很多森林、农田和山脉。森林里住着非常多的熊、野猫和野猪，还有一种叫北山羊的野山羊。在山谷中还生活着形似山羊的岩羚羊。我们用来擦车的一种岩羊布，就是取名于这种小动物。岩羊布原本是一种非常柔软的真羊皮，我们现在能够用其他的材料仿制羊皮。

保加利亚最重要的产业是香水制造业。保加利亚人种植很多玫瑰，生产一种非常昂贵的香水，叫作玫瑰精油香水。生产一小瓶玫瑰精油香水，就需要整整一屋子的玫瑰花瓣，你可以想象玫瑰精油香水有多么金贵。

阿尔巴尼亚是一个非常小的国家，大部分人都种植庄稼，养殖牛羊。在阿尔巴尼亚的部分地区，男人会穿一种及膝的短裙，裙摆很大，像舞蹈裙一样。我们在前文说过，苏格兰的男人也会穿裙子，是用深色的布料做成的，但是阿尔巴尼亚的这种短裙却是用白色的布料做成的。

> ❶如今，这块土地已经分裂成了好几个国家，它们分别是：塞尔维亚、黑山、克罗地亚、斯洛文尼亚、北马其顿、波斯尼亚和黑塞哥维那。

隔着亚得里亚海与意大利遥遥相望的一片区域原来叫作南斯拉夫[1]，有着丰富的森林资源和铜矿资源。南斯拉夫的铜矿产量比欧洲的其他国家都要多。

我听到一个人名或地名时，总会联想到和这个人或这个地方有关的东西。比如：

听到“乔治·华盛顿”，我首先会想到樱桃树。

听到“纽约”，我会想到摩天大楼。

听到“芬兰”，我会想到湿地。

听到“波兰”，我会想到音乐。

听到“奥地利”，我会想到维也纳面包卷。

听到“匈牙利”，我会想到蓝色多瑙河。

听到“罗马尼亚”，我会想到吉卜赛人。

听到“保加利亚”，我会想到岩羚羊和香水。

听到“阿尔巴尼亚”，我会想到穿短裙的男人。

听到“捷克斯洛伐克”，我会想到瓷器和玻璃器皿。

听到“南斯拉夫”，我会想到铜。

诸神的国度

我小时候看过一本叫作《伊索寓言》的书。伊索曾经是一个奴隶，生活在一个叫作希腊的小国家，后来他写了很多有名的寓言故事，他的主人就恢复了他的自由。我读的《伊索寓言》是英文译本，原书是用希腊语写成的。

希腊是一个非常小的国家，如果我用手指在地图上指给你们看，我的手尖肯定能够盖住整个国家。尽管如此，古希腊曾经是世界上最伟大的国家之一，希腊人是世界上最伟大的民族之一，希腊语也是世界上最伟大的语言之一。当欧洲的其他民族还野蛮无知时，古希腊人已经开始创作最伟大的书籍，建造最辉煌的建筑，拥有最出色的学者了。

当时的希腊人认为神都住在奥林匹斯山山顶的云上。奥林匹斯山现在仍然屹立着，但其实，如果你爬上山顶就会发现，那里根本就没有神。古希腊腊人认为，太阳出来的时候，就是太阳神阿波罗正驾驶着战车经过天空；下雨时，就是众神之父宙斯（朱庇特）在往地球上浇水；雷电交加时就是宙斯（朱庇特）发脾气了。他们还相信世界上有一个爱神、一个战神等。

希腊主要由两部分组成，就像是缩小版的南美洲和北美洲一样。两部分由科林斯地峡隔开，地峡只有约6.5千米宽。北面的那部分叫作雅典，是一座伟大的城市。以前住在雅典的人们相信有一位女神眷顾着整座城市，那就是智慧女神雅典娜·帕特农。**于是他们就根据雅典娜的名字将这座城市命名为“雅典”，并且在山上建造了世界上最为宏伟的神庙，根据雅典娜的姓命名为“帕特农神庙”。**在神庙里有一座用黄金和玉石制作的雅典娜雕像，后来雕像不见了，没有人知道它现在在哪里。神庙也毁于战火之中，现在只剩下一片废墟。神庙里许多漂亮的雕像都被带到了伦敦，收藏在大英博物馆里。想欣赏古希腊美丽的雕塑，就去伦敦吧。那座山上以及雅典城中还有许多神庙，它们和基督教的教堂不同，没有圆顶，也没有尖塔，外面有很多柱子。

● 帕特农神庙

离雅典不远的地方有一座山，叫作彭特利库斯山。雅典那些建筑和雕塑所用的大理石都来自这里。有人说，古希腊之所以能够创造出那么多漂亮的建筑和雕塑，就是因为有上好的大理石。现在，彭特利库斯山仍然有上好的大理石，却再没有人能够创造出如此伟大的艺术品。

你有没有想过其实自己会说一点儿希腊语？当你在说“音乐（music）”“博物馆（museum）”和“娱乐（amusement）”这3个英文单词的时候，其实就是在讲希腊语。这3个单词其实是根据9位美丽的缪斯女神[1]创造的。缪斯女神们曾经住在德尔斐的一湾清泉旁边，也就是卡斯塔利亚泉。据说，喝了这里的泉水，就会有创作诗歌和音乐的灵感。现在卡斯塔利亚泉还在原地汩汩地向外流淌，路过的人和羊群都会喝里面的泉水。

❶缪斯女神：艺术女神。

很久以前，古希腊每年都会举办一次运动会，叫作奥林匹克运动会，是现代奥林匹克运动会的前身。来自古希腊各地的运动员会参加跳高、跳远以及其他的竞技项目，竞争奖品。奖品其实就是用月桂枝做成的简易“桂冠”。以前雅典有一个体育馆，专门举行这样的比赛，后来也变成了废墟。后来一位发了财的古希腊人决定为自己居住的城市做点儿贡献，出资对体育场进行了修葺，并在古老的体育场里铺上了大理石。奥林匹克运动会又继续在这里举行了。

在雅典的附近还有一座山，叫作伊米托斯山，山上有一种非常美味的蜂蜜。传说这种蜂蜜带有一股怡人的花香，以前是山上诸神的食物，被称为仙果。现在你仍然可以在雅典的一些饭店里尝到这种甜美的蜂蜜。

以前的希腊有那么多著名的东西，那么现在的希腊又是以什么著称呢？是诗歌吗？不是。是雕塑吗？不是。是漂亮的建筑吗？也不是。现在希腊最著名的东西是加仑子。加仑子是一种无核的葡萄干，可以放在蛋糕和布丁里，非常好吃。

美国的市中心有一家快餐店，是一个想来美国发家致富的希腊人开的。他把这家快餐店取名为德尔斐饭店。我去吃过一次午餐，故意和老板开了一个玩笑，问他店里有没有仙果。他回答："没有，今天只有腌牛肉和卷心菜。"

沙漠之舟

伊斯坦布尔的骆驼很少，其实骆驼本来就不是生长在欧洲的。欧洲的骆驼都是经过博斯普鲁斯海峡用船从亚洲运来的。据说骆驼是永远都学不会游泳的动物。猪、狗等动物天生就会游泳。

骆驼是生活在沙漠中的，只要看到很多骆驼，大概就可以推断附近有沙漠。骆驼喜欢干燥的天气，喜欢太阳照射下的沙漠。人类和其他动物见到太阳之后大多会找一个阴凉的地方待着，而骆驼却喜欢躺在烈日下。骆驼之所以被称为“沙漠之舟”，是因为它们是唯一可以在沙漠海洋中装运东西的“船只”。**骆驼的脚掌就像大垫子，走路的时候不会陷到沙子里，它们的体内还有几个囊袋，可以像水罐一样用来储水。有的时候骆驼们在沙漠中行走一天都没有水喝，它们只能靠囊袋中的水解渴。**

生活在亚洲的骆驼一般只有一个驼峰，叫作单峰驼。有两个驼峰的，叫作双峰驼。驼峰看上去就像是断了的脊背，其实并不是。驼峰里面储存着大量的脂肪，在沙漠中没有东西吃的时候，骆驼就靠驼峰中的脂肪供应能量。

骆驼一般都会跟着领头人前进，领头人走到哪里，它们就跟到哪里。骆驼长途运输货物的时候，人们有时会将几头骆驼头尾相连地排列在一起，仿

沙漠中的骆驼

佛一列小火车。在队伍的最前面通常有一头小毛驴，它就像是火车头一样，作为整个队伍的领头人。骆驼会乖乖跟着驴子走，因为驴子的感觉非常灵敏，可以辨别方向，而骆驼的感觉非常迟钝。虽然高大的骆驼看起来居高临下，非常神气，但是骆驼的大脑非常小，一点儿都不聪明，脾气很温和。骆驼在沙漠中前行时，经常会发出咕哝声，好像是非常不高兴的样子。经过训练的骆驼会跪在地上，让人们把货物放到背上，然后背着重重的货物出发。如果背上的货物过于沉重的话，骆驼可能会站不起来，但是只要它能够站起来，无论背上的东西有多重，都会坚持往前走。如果骆驼已经背了它所能承受的最大重量的货物，哪怕你再多放一根稻草，它都会倒下。所以，**有句俗语叫“压倒骆驼的最后一根稻草”，形容的就是如果一个人承受了极大的压力，那么哪怕再多一点点小事，都可能会让他受不了。**

骆驼除了为主人运输东西，还有很多其他用途。骆驼妈妈可以像奶牛一样给主人供奶，骆驼的肉可以吃，毛可以织成毯子、衣服或者帐篷，还能制造出最好的画笔笔头呢。

逝去的国家

❶世界七大奇迹：主要指世界古代奇迹，包括埃及胡夫金字塔、巴比伦空中花园、阿尔忒弥斯神庙、奥林匹亚宙斯神像、摩索拉斯陵墓、罗德岛太阳神巨像和亚历山大灯塔（下文提及了一部分）。这“七大奇迹”是公元前3世纪，腓尼基的一位旅行家安提帕特列举出来的。但由于地震、火灾、战争等因素，只有埃及胡夫金字塔得以保存至今，其他都已损毁。

男孩在长大之前，都会被称为“小男孩”。博斯普鲁斯海峡的另一侧是亚洲的一个小角落，我们把这个角落叫作小亚细亚。小亚细亚和欧洲不相连，但是它有两个地方离欧洲非常近，如果存在巨人，也许巨人一步就可以迈过去。其中一个地方就是博斯普鲁斯海峡，只有约800米宽；另一个就是达达尼尔海峡，最窄的地方只有约1.6千米宽。很多人都成功地游过了这个海峡，人们还用首尾相连的小船作为浮桥。从前，亚洲和欧洲之间没有大桥，人和动物只能乘船来往于两地。

小亚细亚是一个已经逝去的国家。这里曾经是世界上最富有的地区，但现在却是世界上很贫穷的地区。克罗伊斯曾经是世界上最富有的人，他就生活在小亚细亚。

曾经有一个世界上最漂亮的女人，名叫海伦，她被人从古希腊偷来，带到了小亚细亚一个叫作特洛伊的地方，后来海伦还引发了特洛伊战争。

荷马是古希腊著名诗人，传说他也生活在小亚细亚。

也许你听说过世界七大奇迹[1]吧？也就是世界上公认的七座最伟大的古建筑，其中有三座在小亚细亚。

第一大奇迹就是为纪念月亮女神阿尔忒弥斯（狄安娜）而建造的神庙，它位于小亚细亚的以弗所。当地的银匠制作出很多神庙复制品卖给游客。现在这座神庙已经化作了废墟，那些银质的纪念品也异常珍贵难寻了。

第二大奇迹是一座陵墓，那曾经是世界上最宏伟的陵墓，摩索拉斯国王去世之后，摩索拉斯王后为他建造的。但是现在这座陵墓已经化作废墟了。

离小亚细亚不远处有一座叫罗德岛的小岛，岛上有一座巨大的太阳神黄铜像，叫作罗德岛太阳神巨像，差不多有10层楼那么高。这就是世界第三大奇迹。后来发生大地震被损毁，它的碎片被收购废品的商人买走了。

小亚细亚昔日的辉煌已经消失殆尽，我们现在所能看到的只有那些曾经无比宏伟的建筑遗址。现在的小亚细亚地区，除了少数大城市之外，大部分房屋都是用泥土建造的，没有窗户，只有一扇门，屋顶上长满了杂草。

小亚细亚地区现在属于土耳其，其实除了伊斯坦布尔，土耳其的其他地区在以前都是属于小亚细亚的。

你可能见过安哥拉猫吧？毛长长的，非常漂亮，毛茸茸的尾巴很可爱。

安哥拉山羊

安哥拉猫来自**安哥拉——土耳其的首都。后来，安哥拉改名为安卡拉，所以现在的人一提到土耳其的首都都会说安卡拉。**在安卡拉的附近生长着一种奇怪的山羊，这种山羊的毛又长又滑，可以做成小地毯或者披肩。在炎热的夏天，我们穿的马海毛衣服就是用这种山羊的毛做成的，安哥拉山羊毛做成的衣服既轻便又凉快，非常适合在夏天穿。

小亚细亚有一条蜿蜒曲折的河流，缓缓地流入大海。它非常曲折，一会儿绕到这里，一会儿又绕到那里，就像在漫无目的地游荡。它被人们称为曲流河。曲流河的山谷里长满了无花果，小亚细亚的大部分地区还盛产海枣。骆驼载着海枣和无花果启程，经过地中海一个叫作“士麦那”[1]的海滨城市。在那里，商人把无花果和海枣装上船，运送到世界各地。你可以在美国街角的食品杂货店里买到产于亚洲的海枣和无花果。其实我们生活中常用的海绵也是从士麦那运来的。海绵生长在小亚细亚附近的海底，工人们潜到海底，从海底的岩石上把海绵采摘下来。

❶士麦那：伊兹密尔的旧称。

鱼米之乡

在地中海的东面，北部是一个叫作叙利亚的地方，南部是巴勒斯坦。巴勒斯坦的意思是“圣地”。

叙利亚和巴勒斯坦的很多城市在2000年前就已经存在了，现在仍然存在，也有许多城市已经变成了废墟。而有这样一座城市，在3000多年前就已经存在了，现在仍然存在着。这就是大马士革，**大马士革是世界上很古老的城市之一。**

大马士革有一条笔直的主干道，叫作直街，街道两旁商店林立。大马士革曾经是东方最主要的购物中心。以前，街市上卖的都是大马士革人制作的手工制品，比如珠宝首饰、小地毯、刀剑、披肩、丝绸等。那个时代没有机器，所有物品都是手工制作的；现在基本上都是用机器制作的，而且根本不是大马士革生产的，而是英国的公司生产后卖到大马士革的。有些游客会在大马士革买很多的纪念品，但是回国之后发现上面的标签写着“英国制造”。

我们都知道，如果在白纸上用白色的颜料画画，或者是用红色的笔在红色的纸上画画，肯定很难辨别出画了什么。在大马士革有一种非常精美的手工布料，布料和图案的颜色是一样的，这种布料叫作“大马士革锦缎”，是根据产地命名的。在白色的大马士革锦缎上有白色的图案，红色的大马士革锦缎上有红色的图案，但是所有的图案都能够辨别出来。你家里可能会有大马士革锦缎的桌布、餐巾或者床罩。在美国卖的这些东西大部分都是机器生产的，不是大马士革人手工制作的。

大马士革人以前还会制作一种铁质饰品，上面镶嵌着金银，主要是作为刀剑的饰品。这里曾经生产了很多精美的剑，非常锋利，削铁如泥。现在的士兵基本上不会佩带刀剑了，因为士兵根本没有机会用剑近距离作战。

巴勒斯坦在叙利亚的南部，也被称为“圣地”，它的面积非常小。从地图上看，顶部有个城市叫作达恩，“达恩”就像一个男孩的名字；底部有个城市叫作贝尔谢巴。当地人通常说“从达恩到贝尔谢巴”，意思就是从顶部到底部，或者从一端到另一端。从达恩到贝尔谢巴只有240千米，也就是说，巴勒斯坦的南北距离只有240千米左右，东西的距离则约为80千米。如果开车的话，不用一天的时间就能走遍整个巴勒斯坦。

在巴勒斯坦有两个湖，分别在国家的南、北两端，当地人都把这两个湖看作海。北部的叫作加利利海，南部的叫作死海，在死海中什么生物都不能生存，它的名字也由此而来。

有一条曲折的河流从加利利海流入死海，叫作约旦河。约旦河的水流非常急，不断地将河岸和河底的泥沙卷走，河水非常污浊，流入死海时也将泥沙带入死海中。但奇怪的是，死海的水和地中海的水一样蓝。

死海位于一个山谷的底部，地势非常低，没有流出的河流。你可能会问：这样的话，那死海不是很快就满了吗？事实上，**死海的水分蒸发得非常快，留下了很多盐分，海水变得越来越咸，人们在里面能够漂浮起来，根本就不会被淹死。**当然，很少会有人在死海里游泳，因为如果海水接触眼睛或者伤口时会让人觉得非常痛。死海的盐分太高，连咸水鱼都无法生存。

死海

伊甸园

你肯定听说过伊甸园吧？当我还是一个孩子的时候就经常想，等我长大之后，一定要去伊甸园看看，那里是不是真的有拿着剑的天使。其实，每个人都在寻找伊甸园，有的人找到了，准确地说，是找到了曾经是伊甸园的地方。但是那个地方现在一点儿都不像花园了，更不像我们以为的天堂。

如果你在大马士革的街道上问路人："你知道伊甸园怎么走吗？"对方肯定会认为你是一个疯子，或者他们会直接跟你说："抱歉，我也不知道，我也是刚来到这里的。"当然，运气好的话，你可能真的会碰到知道伊甸园怎么走的人。他会说："你穿过沙漠之后，沿着太阳升起的地方一直走。骑骆驼的话，

或许得一个月的时间，但是开车只要一周就到了。然后你会看到幼发拉底河，这是一条混浊的河流。穿过幼发拉底河再走一小段路程，你就会来到另一条混浊的河流旁边，它就是底格里斯河。这两条河交汇的地方就是你所寻找的伊甸园。”

但是，现在那个地方已经没有花园了，而且你根本就想象不到那里曾有过花园——那里现在基本上都是烂泥。不管怎样，仍然有很多人相信伊甸园就在那里。有人甚至还会指着一棵结满果实的苹果树说，那就是传说中提到的苹果树。人们相信传说中灭世的洪水就发生在幼发拉底河和底格里斯河的山谷当中，而且当时挪亚就住在那里。在洪水暴发之前，挪亚就造好了方舟。当洪水淹没整个山谷的时候，挪亚和家人一起乘着方舟逃走[1]。后来，方舟停在了阿勒山上，幼发拉底河和底格里斯河之间的山谷叫作美索不达米亚，“美索”的意思是“在……之间”，“不达米亚”的意思是“河流”，所以“美索不达米亚”的意思就是“两河之间的土地”。当然，现在它有自己的名字——伊拉克，你可以在地图上找到它。

❶挪亚方舟：西方传说故事中的人物挪亚制造的大船，建造的目的是让挪亚与他的家人，以及世界上的各种陆上生物能够躲避一场因神的惩罚而造成的洪灾，最后方舟达到了这个目的。

在底格里斯河河畔曾经有一个大城市，名字叫作尼尼微。在离两河交汇处很远的地方也曾经有一个大城市，那就是巴比伦。我之所以说“曾经”，是因为这两个城市早已经消失不见了，而在耶稣诞生前，它们都是非常大的城市。

你有没有在沙滩或者沙地上搭过房子？或许在你搭好后，会有比你大的孩子欺负你，把你的房子和街道全部踩烂。尼尼微和巴比伦就像是被巨人用脚踩过一样，完全消失不见了。多年以来，很多考古学家在当地不停地挖掘，挖出了很多以前人们用过的东西。尼尼微和巴比伦曾经拥有许多漂亮的建筑包括宫殿。你一定知道巴比伦的“空中花园”也曾经被誉为世界七大奇迹之一，当然，这座花园也已经消失不见了。

虽然尼尼微和巴比伦消失不见了，在底格里斯河河畔仍然还有两个非常大的城市。其中一个叫作摩苏尔。你听说过麦斯林纱吗？这种布料最初就是在摩苏尔生产的。

20世纪初期，人们在摩苏尔附近发现了大量的石油资源，足以满足世界上几乎所有汽车的需求。人们在这里铺设了许多石油管道，将油井和地中海连接起来，然后通过轮船把石油运往美国和欧洲。

古巴比伦塔

你看过阿里巴巴的故事吗？在底格里斯河河畔的另一个大城市叫作巴格达。巴格达街道上的人看起来很像《一千零一夜》中的人物。巴格达的夏天非常炎热，气温甚至曾接近51摄氏度。我们都知道，37摄氏度几乎就是我们所能忍受的最高温度了。第一次世界大战之后，英国占领了伊拉克首都。英国人在巴格达建造了一条宽阔的大街，叫作新街，而且还引入了电灯和制冰厂，给当地带来很大的变化，因为这些东西在以前的巴格达是没有的。他们还让当地人自己选举了一位国王，从那之后，伊拉克就是一个王国了。现在，伊拉克是一个独立的民主共和国。

故事的国度

你有没有试过一整天都不喝水？我想应该没有。如果不吃东西，有的人可以坚持几天，甚至是几个星期。但是如果让一个人一星期不喝水，那么他是不可能活下去的。你可以想象一下，如果你生活在一个没有任何河流和湖泊的国家，那里也很少下雨，人们连喝的水都没有，更不用说洗澡了。其实那里被大海包围着，但是海水是咸的，人不能喝。除了边缘地区和少数几个地区比较湿润之外，其他地方几乎都是沙漠。你肯定会问：“这样的地方怎么住人？”其实真的有这样的地方，那就是阿拉伯半岛。阿拉伯半岛是阿拉伯人的家乡。那里的人们只能居住在比较湿润的地方，那些地方被称为“绿洲”。平时我们经常吃面包和黄油，阿拉伯人则经常吃海枣。他们会把海枣树种得很深，越深就会越湿润。如果是比较富裕的阿拉伯家庭，家里都会有一头骆驼，只有骆驼才能忍受这么恶劣的环境。有的阿拉伯人会养少量的山羊、绵羊和马匹。阿拉伯马的体形比普通的马小得多，但是它们跑起来非常快。有人说阿拉伯马是世界上跑得最快的马，美国的很多赛马都来自阿拉伯。

阿拉伯人有一点很像孩子，那就是他们非常喜欢听故事，尤其是在晚上。在很久以前，阿拉伯的国王拥有至高无上的权力，可以随意决定人的生死。据说，曾经有一位阿拉伯国王每天都娶一位王后，第二天早晨就会把王后处死。后来有一位王后，在第一天的晚上给国王讲了一个非常有趣的故事，并且告诉国王，如果第二天不处死她，就会再给他讲一个故事。就这样，日子一天又一天过去了，王后整整讲了一千零一个故事。国王已经离不开王后的故事了，就和这位王后一直幸福地生活在一起。后来，这些故事被翻译成了各种语言，传到了世界各地，这就是我们熟悉的**《一千零一夜》的故事**。

我们前面提到过白海和黑海，阿拉伯半岛还有一个狭长的红海。我没有想明白这个海为什么会被叫作红海，我去那里的时候，发现红海的海水和地中海的海水一样蓝。本来红海和地中海之间还隔着一小段距离，后来人们在那里开凿了一条运河，船只就可以自由地往返于红海和地中海之间了。原来的那个地方被称作苏伊士地峡，后来的运河则被称为苏伊士运河。

❶这条运河曾经一度归英国所有，由于运河位于非洲一个名叫埃及的国家境内，所以在埃及人的强烈要求之下，1956年英国将运河转交给了埃及。

❷1967年，南也门独立，并且将亚丁从英国手中收回，将其作为自己的首都。这样，大西洋和印度洋之间就有了3条水上通道，分别是直布罗陀海峡、苏伊士运河和亚丁湾。

苏伊士运河是世界上极其重要的运河。在运河开通之前，亚洲大陆和非洲大陆隔着苏伊士地峡，船只必须绕过非洲才能到达东方的亚洲。现在，苏伊士运河可以说是沟通东西方世界的水上要道。❶

全世界最干燥的城市就在红海旁边，叫作亚丁。亚丁经常被称作“东方的直布罗陀”。亚丁也一度归英国所有，有了亚丁，英国就可以决定让谁经过红海，或者不让谁经过红海。❷

亚丁没有泉水，也没有湖泊，更没有河流，而且经常是几年都不下雨，人们根本就没有办法从正常的渠道获得饮用水。后来英国人发明了一种方法，那就是将海水煮沸，用大水罐将水蒸气收集起来——盐分不会随着水蒸发，因此，水蒸气里就不再含有盐分了。之后，水蒸气在水罐里冷却为淡水，可以供人们饮用。

你可能没有听说过阿拉伯语，但是你知道吗，其实你每天都在写阿拉伯语。**“1”“2”“3”“4”“5”就是阿拉伯数字。阿拉伯数字从“0”到“9”，只有10个数字，但是可以组成不计其数的数字。**

阿拉伯离美国非常遥远，那是一片干燥而神奇的土地，似乎与美国没有一点点的联系。但是，如果世界上没有阿拉伯人的话，我们就没有《一千零一夜》的故事了。

狮子和太阳

● 波斯猫

你见过波斯猫吗？波斯猫的体形非常大，毛又厚又软，非常漂亮。顾名思义，它来自波斯。

波斯也是一个“曾经存在”的国家，并一度被认为是世界上最强大的国家，但是很多人都不知道波斯的准确地理位置。而且**我们现在也不能在地图上找到“波斯”这个名字。在波斯语中，“波斯”就是伊朗，现在地图上写的都是“伊朗”，而不是“波斯”。**以前，我一直都觉得家里不会有来自波斯的东西，但我认真研究过家里的东西才发现，竟然有十多样东西是来自波斯或者是跟波斯有关的。

我们家的地毯就是来自波斯的，它是用羊毛线纯手工编织的，有漂亮的彩色图案。要完成这样一张地毯，一个波斯人要花费几个月甚至几年的时间。据说有的波斯地毯是需要一个波斯人用一辈子的时间才能完成的。

我妻子的一条丝绸披肩也是来自波斯的手工编织品。波斯人也养蚕，当蚕结成茧之后，工人们把蚕丝从茧上取下来，纺织成线，然后染成各种各样的颜色，就可以做出披肩了。

我妻子有一枚戒指，上面有蓝绿色的石头。这样的石头叫作绿松石，是12月的诞生石，也是来自波斯的。在一些东方国家，人们喜欢佩戴绿松石，用来避开所谓的恶毒目光。他们认为，有很多人的目光是恶毒的，只要被看一眼，就会产生厄运，而绿松石就可以避开这种目光。

我妻子的梳妆台上放着一瓶玫瑰精油。波斯的部分地区种植漂亮的玫瑰，他们用玫瑰花瓣来制作有香味的液体。

我有一个领带夹，上面的一颗珍珠就是来自波斯湾海底的牡蛎。

我浴室里穿的拖鞋也是来自波斯的。

书桌上有一盏马兹达灯，是根据波斯的神命名的。

我的书架上放着一本叫作《鲁拜集》的书，是波斯的诗人欧玛尔·海亚姆写的。

有的时候，我早饭会吃一个哈密瓜，哈密瓜最初就是在波斯种植的。在很多年以前，哈密瓜的种子从波斯传出，然后我们才开始种植。有的时候我们还会吃桃子，桃子最初也是在波斯种植的。后来有人把桃核带到了美国，美国人才开始种植桃子。

如果我家再养一只波斯猫的话，那么和波斯有关的东西就比较全了，不过我家里只养了一条狗，并没有波斯猫。

伊朗被称为“狮子和太阳的土地”，伊朗曾经的国旗就是一头狮子和一个太阳[1]。我不知道为什么用狮子，但是我知道为什么他们会用太阳。波斯人崇尚

[1] 此为伊朗历史国旗，现已改为三色旗。

太阳，太阳是波斯人的神。除此之外，波斯人还崇拜星星、月亮和火焰。我们称波斯人为“拜火教徒”，他们则把自己称为“帕西人”。拜火教的主神叫作马兹达，我书桌上的台灯就是以他的名字命名的。根据波斯人的信仰，只要是光明的东西都是好的，而黑暗的东西都是不好的。但是，现在只有少数伊朗人是拜火教的教徒，多数人都是伊斯兰教徒。

伊朗环境比较好的地方，种植着大量的玫瑰和香甜的桃子、瓜果，而其他的地方则是沙漠，环境非常恶劣。世界上大多数河流都是越流越宽，但是伊朗的河流却越流越窄，最后完全干涸了。在伊朗境内有很多高山，山上流下的雪水汇聚成小溪。但是小溪最后也会干涸，根本就不会有河口。

你猜过字谜吗？我猜过这样一个字谜，它由两个场景组成，第一个场景是两个小女生在屋里喝茶，第二个场景是一个小男孩从这个屋子跑过去。你能猜到是什么词吗？答案就是“德黑兰”。[1] **德黑兰是伊朗的首都**。还有一个字谜，它只有一个场景，有一个小男孩跑过一个屋子，然后指了指自己。你能够猜出来吗？那就是“伊朗”。[2]

❶英文单词tea（茶）与run（跑）的发音，合在一起就构成了Tehran（德黑兰）的发音。

❷英文单词run（跑）与I（我），恰好组成了Iran（伊朗）这个单词。

在波斯，统治者不叫国王，而叫作“沙”。在以前，“沙”可以要求他的子民做任何事。只要他愿意就可以处死任何人，没收任何人的财产，但是后来情况发生了变化。德黑兰有一个世界上最著名的珠宝宝座，被称为孔雀王座。这个王座是用黄金打造的，上面镶嵌着红宝石、蓝宝石和绿宝石，后背是孔雀羽毛的形状。

这些宝物大部分都是从地下挖掘出来的，比如钻石、红宝石和绿宝石；还有一种来自水中，那就是珍珠。如果牡蛎中进入了一粒沙子，这粒沙子就会慢慢形成珍珠，所以说，每一颗珍珠里都有一颗细小的沙子。形成一颗豌豆大小的珍珠通常需要三四年的时间，伊朗湾出产的珍珠可能是世界上最精美的。工人们采集牡蛎的时候，需要憋一口气跳下水，迅速地找到牡蛎并收集起来，憋不住气的时候才会浮上水面呼吸一下，然后再继续跳下水。可能你只能在水中憋气半分钟，但是那些采集牡蛎的人可以在水中憋气一分多钟。据说甚至有人可以在水下憋气一小时，当然，这种事只会在童话故事中出现。曾经有一个小孩子写过一个关于他们的故事："他们用衣夹夹住鼻子，用石蜡封住耳朵，这样就可以防止水进入鼻子和耳朵。然后他们把大石头绑在自己的脚上，从小船上跳下去采集牡蛎。"每年都会有很多采集牡蛎的工人丧生，有的是撞破了血管，有的是溺水而亡，还有一些是被鳐鱼刺了之后毒发身亡。伊朗每年可以产出价值数百万美元的珍珠，背后是很多人付出了生命的代价。

与美国地理位置相对的国家

想象一下，如果整个地球都是用玻璃做成的，低头就可以看到本国对面国家人群的脚步，那么，美国人立刻就能看到的人是哪个国家的呢？**在地球上，与美国相对的是一个形状像馅儿饼的国家，它就是印度。**对美国人来说，印度位于环绕地球的中间点。我们从美国出发，走出地球周长一半距离的时候，就能到达印度，如果继续前进的话，就会返回美国。我曾经从西边出发去印度，而我的一个朋友从东边启程到印度跟我会面。当我到达印度的加尔各答时，我的朋友早就已经站在码头上迎接我了。在加尔各答，我们曾经买过一种叫作卡利卡的印花布，这种布料的名字源于它的产地——卡利卡特。

一说到印度人，大家可能会联想到印第安战斧、彩色的羽毛，战争前在脸上、身上涂满涂料。但是美国人脑海中想到的都是美国的印第安人，也就是白种人抵达美洲之前居住在这片土地上的原住民。时至今日，印第安人的后裔已经少之又少，他们从前被称为红种人。

印度人是根据他们的国家印度命名的。哥伦布航海就是为了寻找印度，当他们到达美洲之后，以为那里就是印度，所以就把那里的人叫作印第安人。后来，人们才发现那里根本就不是印度，而是一片未被开发的土地，在这片土地上生活的都是红色人种。

印度与北部的其他国家之间被**世界上最高的山脉**隔着，那就是**喜马拉雅山脉**。**世界上最高的山峰就是喜马拉雅山脉的珠穆朗玛峰。**珠穆朗玛峰的高度难以想象，有很长的一段时间都没有人可以登上山顶。虽然如此，人们在很早之前就已经知道珠穆朗玛峰的高度了，你知道是为什么吗？有一位英国的工程师成功地测量了喜马拉雅山脉的高度。这个工程师站在地面上，通过一定的测量方法，可以测量出一棵树、一座教堂，甚至是一座山的高度。珠穆朗玛峰高8839.8米[1]，峰顶终年积雪。

❶2020年，中国和尼泊尔共同宣布了珠穆朗玛峰的最新海拔高度为8848.86米。

有很多人都尝试着攀登珠穆朗玛峰，但有很多人在登山的过程中丧生，很少有人成功。因为山顶的海拔太高，空气非常稀薄，登山者必须依赖氧气瓶才能正常呼吸。如果没有氧气瓶的话，每走一步都要停下来呼吸很多次。1922年，两个英国人经过了几个星期的努力，爬到了离山顶只有几百米的地方，这是以前人类从未到达的高度。和他们一起攀登的还有一个同伴，但他没有继续往上爬，而是一直注视着这两个人登顶。眼看这两个人就要顺利到达山顶的时候，突然发生了雪崩，将他们埋在了雪下，他们永远都没有出来。当地人认为，山上住着一位女神，她不允许任何人靠近山顶，只要有人敢尝试，就会遭遇厄运，甚至可能会面临死亡。**直到1953年，才有两个人从珠穆朗玛峰的东南山脊成功登顶。**

喜马拉雅山脉另一端是高高的山谷，山谷非常漂亮，人们把它称作溪谷，那就是克什米尔溪谷。有一位诗人曾经写道："有谁不知道克什米尔溪谷呢？全世界最美丽的玫瑰花就盛开在这里。"这里有清澈美丽的湖泊，白雪皑皑的山峰，还有遍地盛开的玫瑰。跟底格里斯河与幼发拉底河之间的那

块泥土地相比，这里更像是伊甸园。

如果你仔细看一下1971年前的亚洲地图，你会发现在印度的两边还有“两个小国家”，名字都是巴基斯坦。为什么两个分开的部分却属于同一个国家呢？其实巴基斯坦是一个国家，只不过被印度分成了两个部分。[1]在第二次世界大战之后，巴基斯坦实际上成了印度的一部分，当时整个印度都是英国的殖民地。和其他殖民地的人民一样，印度人也不想被其他的国家统治。最后，英国人同意放弃印度，将它还给印度人。印度人非常高兴，但是马上又遇到了麻烦。大部分的印度人都信仰印度教，还有一部分人信仰伊斯兰教，但是这两个宗教的教徒一直都无法和睦相处。印度教教徒希望国家独立后能够成为一个独立的大国，但是伊斯兰教不希望和印度教属于同一个国家。他们知道印度教教徒比伊斯兰教教徒多，成立一个国家肯定是被印度教统治。所以伊斯兰教教徒就希望成立两个国家，一个国家归印度教所有，另一个国家归伊斯兰教所有。在解决这个问题的过程中，双方差点儿就发生了战争。最后，双方都同意成立两个国家，一个叫作印度，一个叫作巴基斯坦。就这样，新成立的巴基斯坦被印度分割成了两部分。对于巴基斯坦人来说，就像是自己的厨房在街道的一端，而卧室在街道的另一端。但巴基斯坦的人民生活一切正常。

❶1971年爆发印巴战争，东部的巴基斯坦独立为孟加拉国。

● 珠穆朗玛峰

与美国地理位置相对的国家（续）

印度和美国一样，也分为很多的州。州的首领被称为拉贾。很多拉贾对管理州内事务根本就没有兴趣，他们更感兴趣的是怎么才能搜刮财富，尽情享乐。他们喜欢钻石、珍珠，热衷于收集各种各样的珠宝。你可能会认为，只有女人才会佩戴珠宝，但是在印度，情况却不是这样。拉贾出现在公共场合时，都会佩戴华丽的珠宝。他们的衣领上镶嵌着珍珠、红宝石、蓝宝石、绿宝石，有的就像是核桃那么大。在街上列队行进的时候，拉贾会骑在大象的宝座上，宝座非常高，要用梯子才能爬上去。

印度有很多野生大象，它们被当作神圣之物，射杀大象是犯法的。人们捕捉大象的时候，只能活捉，不能猎杀。在捕捉大象的时候，几百个人在有大象的地方围一个圈，击鼓吹喇叭吓唬大

拉贾骑着大象出现在公共场合

象。大象为了避开噪声就会想躲开，然后一不小心走进人们设置好的围栏。一旦大象走进了围栏，人们就过去把围栏门关上，之后会设法驯服大象。这项工作非常困难，因为野生大象非常危险，甚至会把人踩死。但是大象一旦被驯服之后就会非常有用，就像是阿拉伯的骆驼、欧洲的马和美国的汽车一样。大象的鼻子像起重机，能将木材卷起，放到火车上或者船上。

拉贾还有一个爱好，那就是打老虎。老虎是非常可怕的动物，它们生活在印度的森林里。老虎一旦饿了，就会突袭附近的村庄，吃掉家养的动物甚至是人。拉贾打老虎的时候，当然会首先确保自己的安全。他会和一群朋友一起去，带上几百名仆人。仆人们会在大树上面搭一个安全的平台，拉贾就和他的朋友们站在上面。接着仆人们跑进丛林，敲锣打鼓，把老虎往平台附近赶。老虎一旦进入射程，拉贾就会和自己的朋友从平台上射杀老虎。他们会把虎皮带回去，用来装饰宫殿的地板和墙壁。

印度有100多种宗教，但我们在前文说过，大部分的印度人都信仰印度教。印度教教徒相信，在他们死后，灵魂会回到世界上，进入动物或者新生的人身上。正因如此，大象等很多动物在印度都能够得到善待。印度教教徒相信，只要活着的时候多做善事，死后就能够马上重生，变成富人或者是受喜爱的动物。有时我看着家里的小狗摇头摆尾的样子，就会想：如果按照印度教的说法，小狗的身体里会不会有一个拉贾的灵魂呢?

印度的西边有一个大城市孟买，看上去和欧洲的大城市没有什么区别，城里的很多建筑很像伦敦或者纽约的风格。

我们从孟买出发，向东北前进，经过两天的时间，就会来到一个叫作阿格拉的小镇。镇上有两栋建筑和其他的建筑风格截然不同。其中一栋建筑是一座陵墓，据说是一位伊斯兰教的王子为自己的四位妻子中最爱的一位建造的，叫作**泰姬陵**。泰姬陵是莫卧儿帝国皇帝沙・贾汗为爱妃穆塔兹・马哈尔所造的陵墓。当1631年她死去时，皇帝悲痛欲绝。于是沙・贾汗亲自设计，动用了几万工人，耗费巨资，花了22年时间建成泰姬陵。我曾经去过泰姬

孟买

泰姬陵

陵，当时是晚上，我沉醉于欣赏月色之下的泰姬陵，一不小心掉到了水池里，水没过了膝盖。我从水里出来时，还不小心扭到了脚踝。不过，在我看来，阿格拉镇最美的不是泰姬陵，而是珍珠清真寺。我不知道天堂的建筑是什么样子的，但是我相信，就算是天堂的建筑也不会比珍珠清真寺更漂亮。

印度的河流非常少，**最大的河流就是恒河。**恒河有几个河口，其中一个就是加尔各答。加尔各答是印度的城市，但是恒河大部分的河口都在巴基斯坦。在恒河的上游有一座城市，对印度教教徒来说非常重要，它就是贝拿勒斯。麦加只有伊斯兰教教徒才可以进入，但是无论你信仰什么宗教，都可以去贝拿勒斯。贝拿勒斯建造在河畔，河岸上铺满了长长的石阶，一直延伸到河里。

印度教教徒死后不会埋入土中，而是放在火堆上焚烧。在贝拿勒斯，印度教教徒的尸体都会在河岸边的石阶上焚烧，于是在河边还兴起了卖木头的生意，越是有钱的人，焚烧尸体的时候就会买越多的木头。而有些穷人则连焚烧亲人尸体的木头都买不起。

印度人口众多，粮食经常供应不足。印度每年都会有很多人因为饥饿而死。拉贾和其他有钱人吃着山珍海味，个个肥头大耳，但是那些穷人却饿得皮包骨头。

拉贾拥有价值连城的珠宝，但是穷人们连焚烧亲人尸体的木头都买不起。[1]

[1] 作为特定时期的历史称谓，拉贾已经不复存在，不过现在印度的贫富差距依然巨大，低阶种姓的人还是处于赤贫的生活境地。

在印度的南面有一个小岛叫作锡兰[1]，岛上的男人们都穿着裙子，头上插着梳子。锡兰附近有世界上最大的珍珠养殖场。印度大部分的珍珠都产于这里。我也有一颗产于那里的黑珍珠，据说这种黑珍珠能够带来好运，但是我不会像拉贾一样把它戴在身上。

[1] 锡兰是斯里兰卡的旧称。

很多印度人擅长魔术表演，我在锡兰看过不少精彩的魔术表演。有一个魔术师把自己的妻子装在一个篮子里，盖上披肩，用剑从各个方向刺向篮子，观众们都捏了一把汗。最后，披肩被掀开了，他的妻子毫发无损，向大家微笑着打招呼。还有一次，他把一颗种子放在花盆里，花盆里很快就长出了一棵植物。魔术师到底是怎么做到的？只能靠我们自己猜测了。

白象

❶乔达摩：即释迦牟尼，佛教创始人。

印度曾经有一位名叫**乔达摩**[1]的王子，他想要什么就能得到什么，一直快乐地成长着。他从来都不知道贫穷、悲惨的生活是什么样子的，认为世界上每个人都像他一样，过着富裕、快乐的生活。直到他长大之后，走出宫门旅行，才惊奇地发现，原来世界上还有那么多的病人、穷人和不幸的人。一幕幕的场景触动了他，他决定把自己所有的东西都捐出去，一辈子帮助那些需要帮助的人。他从一个地方到另一个地方，帮助人的同时还进行布道，告诉人们什么是对的，什么是错的。后来，人们尊称他为“佛陀”，意思是“知道一切的人”，并且开始崇拜他。这样，在公元前500年左右，佛教兴起了。

在佛陀去世后，佛教教徒到其他国家去传播佛教，就像是基督教教会派传教士到其他国家传教一样。很长一段时间之后，印度又创建了印度教、伊斯兰教等其他宗教，之后，多数印度人开始信仰伊斯兰教。但是印度东部的几个国家仍然信仰佛教，不过他们现在的崇拜仪式变成了跪拜。

印度东部有一个国家叫作缅甸，还有一个国家叫作泰国。伊斯兰教的教堂叫作清真寺，佛教的教堂叫作塔。在**缅甸曾经的首都仰光**[1]，有一座全世界最恢宏的塔，叫作仰光大金塔。这座塔看上去很像是倒置的蛋筒，和华盛顿纪念碑差不多高。整座塔都是用砖砌成的，表面镶嵌着一片片纯金，在阳光的照耀下非常耀眼。在塔基周围有几间小屋子，每间里面都供奉着一座佛像。塔中放着一个盒子，据说里面有8根佛陀的头发。你猜猜塔顶会有什么东西呢？教堂的顶部会放一个十字架，清真寺顶部会放一轮新月，

[1] 2005年，缅甸将首都从仰光迁至内比都。

● 仰光大金塔

而这座塔的顶部则有一把雨伞，伞上挂着叮当作响的铃铛。

大部分亚洲人的主要食物是大米。他们会把大米煮熟吃，不会放糖，也不会放奶油，早餐吃，午餐吃，晚餐也吃。仰光是大米的主要产地。

缅甸人和泰国人看上去更像中国人，不太像印度人。缅甸是共和制的国家，而泰国是一个王国，曾经有一段时间叫作暹罗，之后改名为泰国[1]。如果有一个叫琼斯的人突然改名为贝克，很多人都会不习惯，仍然喜欢叫他琼斯。泰国的情况也一样，现在还是有很多人把泰国叫作暹罗。

❶泰国古称“暹罗”，1939年改国号为“泰国”，1945年复名“暹罗”，1949年再度改名为“泰国”，沿用至今。

❷泰国于1932年开始实行君主立宪制。

泰国实行君主专制制度[2]，国王可以做自己想做的任何事情。我小的时候，有人总是喜欢指手画脚，命令别人做这做那，我们就会说：“你以为自己是谁？是暹罗国王吗？”

现在，泰国的国王也必须按照国家的法律统治国家，不能再随心所欲了。

佛教教徒相信自己死后灵魂会进入动物体内。泰国的佛教教徒则认为国王的灵魂会进入白象的体内，因为白象在泰国是神圣的动物。白象的颜色其实是灰色的，泰国人一旦发现白象，就会把它们献给国王，它们会给他和整个王国带来好运。皇家的白象一直非常悠闲，每天都无所事事的样子，后来我们就把已经没有用但是却必须得留着的东西称为“白象”。我有一个朋友，他有一辆破旧的车，不能开了，但是又卖不掉，送人也没人要，放在车库还浪费空间，他就把这辆车叫作“白象”。

但是，普通的白象其实用途很多。它的价格和汽车差不多，也同样可以运送人和货物，装木材；它还能耕地，骑象人坐在大象的背上，用脚在大象的身体两侧碰碰这儿，碰碰那儿，大象就知道该干什么了。聪明的大象会按照主人的指令做事，每天都会按时工作，知道什么时候开始干活儿，什么时候可以休息，好像是工会组织里的工人一样。不过，大象每天至少要洗一次澡才肯工作。

白象摆件

我们都知道，一般的木头都会浮在水面上，但是缅甸有一种奇怪的木头，密度非常大，放到水里就会沉下去，这就是柚木。当地人会用柚木制作家具，这种木材制造的家具可以防止白蚁的啃食。大象常做的一项工作就是搬运柚木。我曾经幻想，如果我有一头大象该多好啊！于是我就买了一头大象放在桌子上——当然，这是一个青铜做成的大象摆件。

泰国旁边有一个地方，从地图上看就像是从泰国伸出来的大象鼻子，它就是马来半岛。在距离马来半岛顶部800米左右的地方有一个小岛，叫作**新加坡**。新加坡曾经是一片丛林，生活着很多毒蛇和猛兽。新加坡的主人打算把这个小岛卖给别人，但是没人想要这个可怕的岛屿。最后，他以非常低的价格把新加坡卖给了一个叫莱佛士的英国人，这个英国人就在小岛上建造了一座城市。你是不是觉得非常奇怪，为什么英国人会要这个小岛呢？因为这个地方是**东、西方之间的又一条水上通道**——岛屿之间的狭窄的海路，是唯一适合船只来往的通道。就像直布罗陀、苏伊士和亚丁一样，英国也想控制这条通道。第二次世界大战中，日本从陆地上进军，攻占了新加坡。但日本战败，英国重新掌控了新加坡。**新加坡现在是世界上最重要的港口之一。**“莱佛士酒店”就是根据莱佛士命名的。在这个酒店的大厅里，你可以看到来自世界各地、各种肤色的人。

新加坡离南北两极的距离差不多一样远，它几乎就位于赤道上。水手们认为，如果是第一次穿越赤道，必须要接受海神尼普顿的洗礼。我第一次乘船经过赤道时，就接受过这样的洗礼。我刚走到甲板上，还没等我反应过来，一个水手就把我扔进了一个大大的水池里。我连忙爬出水池，没等我喘几口气，他们又把我扔进了一根长长的管道中，我必须从管道中爬出来。等我从管道中爬出来之后，他们用船桨在我的背后拍了一下，然后又把我带到尼普顿的面前，尼普顿坐在宝座上，穿着浴袍，戴着硬纸板做的皇冠，手中握着一把干草叉。他递给我一张证书，就像是大学毕业时校长颁发毕业证那样，告诉我我已经接受了应有的洗礼，成了穿过赤道的人。马来半岛附近有东印度群岛（香料群岛），哥伦布当时就打算去寻找这个地方。苏门答腊岛是东印度群岛的一个岛屿，以盛产咖啡著称。我去爪哇岛的时候，非常期待能够喝到当地的咖啡，试了很多地方，终于尝到了一杯比较好喝的咖啡，谁知道那竟然是产自巴西的！

在爪哇岛上，我还看到了老鹰那么大的蝙蝠和手掌那么大的蝴蝶。

把温度计冻住的地方

❶此处有误，世界上最冷的地区是南极地区。

大部分的温度计都只标注到零下40摄氏度，一旦低于这个温度，温度计中的水银就会被冻住，无法正常使用。世界上很少会有这样的地方。你觉得世界上最冷的地方是哪里呢？你可能会说是北极吧？其实不是。**世界上最冷的地方在西伯利亚，那里的温度能低到零下40摄氏度以下。**[1]

西伯利亚属于我们前文提到的“熊国”俄罗斯，它的北部和瑞典、挪威一样，整个冬天都看不到太阳，也就是我们所说的极夜现象。但是北大西洋暖流不经过西伯利亚，所以当地的温度就会低到零下40多摄氏度。普通的温度计根本就不能够使用，只能用特制的温度计。最冷的地方甚至会达到零下90多摄氏度。当地人没有动物那样厚厚的皮毛，只能从头到脚包裹在厚厚的动物皮毛之内，以免被冻死。

当然，并不是全部西伯利亚地区都是这么寒冷，西伯利亚有北部地区、中部地区和南部地区。北部地区的冬季非常寒冷，地面

以下几米的地方都是冰冻的，任何植物都无法生长。夏季天气变暖之后，当地又会变得非常炎热，最高温度会超过30摄氏度。这时，地表的土壤开始解冻，但是深层的土壤仍然冰冻着，因此只有苔藓和少数植物可以生长。西伯利亚的面积比美国大，属于俄罗斯，但是那里居住着来自世界各地的人。

西伯利亚的中部地区不是非常寒冷，这里生长着茂密的森林，森林中有许多的野生动物，比如狐狸、狼和紫貂等。貂是一种小型的动物，毛皮漂亮、厚实，非常保暖，全身雪白，只有尾巴尖是黑色的。貂非常喜欢干净，总会让自己一尘不染。法官和国王的一些正式的长袍就是用貂皮做成的，很多张貂皮才能够做成一件斗篷或者外套。

世界上最长的一条铁路——西伯利亚大铁路就在西伯利亚的南部地区。它的一端位于太平洋沿岸的符拉迪沃斯托克，又称海参崴；另一端就是俄罗斯的莫斯科。坐火车从一头到另一头需要两个星期。

西伯利亚的大部分人都生活在铁路沿线，但是当你坐火车前进的时候，很可能连续几百千米都遇不到村庄，甚至看不到一栋房子，因为村镇通常会离铁路很远。当地的火车烧的不是煤，而是木头，铁路边随处可见成堆的木头，火车会在固定的地点停下来加木头，就像是汽车的加油站一样。西伯利亚的主要城市都是以“克”字结尾的，如鄂木斯克、托木斯克和伊尔库茨克。

有一个人刚到西伯利亚，在街上问当地人那里离火车站有多远，那个人回答他：“你一直往前走，大约40000千米，转个身，过两个街区就到了。”

你觉得西伯利亚离美国有多远？800千米？1000千米？都不对。事实上，西伯利亚离美国最近的地方只有80千米，那就是从阿拉斯加州到西伯利亚的距离。阿拉斯加州与西伯利亚之间隔着一条狭长的海峡，叫作白令海峡。如果有巨人的话，一抬脚就能够跨过去。有人说，生活在美国的印第安人和因纽特人在很久以前都是从亚洲来的，确切地说，是从中国来的，所以看上去很像中国人。

在第一次世界大战之前，俄罗斯被称为沙俄，由沙皇统治。只要是有人反对沙皇，或者被认为是反对沙皇，或者是说了反对沙皇的话，又或者有反对沙皇的想法，就会被抓起来，遣送到西伯利亚的煤矿干活儿，远离自己的亲人和朋友。一路上的环境非常恶劣，很多人在到达西伯利亚之前就死掉了，很少有人能够活着回来。

第一次世界大战之后，俄国爆发了一场革命，推翻了沙皇的统治，开始由共产党执政。共产党进行了许多的变革，建造了学校，把地主的土地都分给了农民。除此之外，他们还建造了工厂，开起了商店，建造了铁路和飞机，并在很多的河流上建造大坝，用水力发电来满足工厂的需求。

巨大的海蛇怪

很久以前，人们认为世界上有海蛇怪。他们都说，离中国2000千米左右的海里就有一个巨大的海蛇怪。这个怪物沉睡了很久，它的脊背向上拱起，就像是一座小岛，当它醒来时，小岛就会不断地晃动。那个时候的中国人一点儿都不害怕，甚至还有人搬到这座岛上安了家。现在我们都知道，那些岛屿其实就是海上古老的火山，大部分的火山都是休眠火山，造成岛屿晃动的其实就是地震。**岛屿上的人把自己的国家叫作“日本”，意思是“太阳升起的地方”。其实，世界各地都有太阳升起，但是那个时候的日本人认为只有自己的国家才能看到太阳升起。**日本的国旗是白底的，上面有一轮红色的太阳。

日本人和中国人都是黄种人，但是两国的差别很大。日本以前和“闭关锁国”时期的中国一样，不让其他国家的人进入本国，就像挂了一张“禁止入内”的告示一样。除了中国，日本人当时对其他国家毫无了解。他们模仿中国的各种东西，包括文字、宗教、餐具等。

100多年前，有一个叫佩里的美国海军军官想进入日本，他装了满满一船的美国物品，作为礼物献给当时日本的最高统治者。日本的最高统治者叫作天皇，他从来都没有见过这么多新奇的东西，看了之后非常高兴，就想买更多这样的东西，也想了解制造这些东西的国家。佩里就告诉天皇：“让美国人来日本吧，我们会在这里卖美国的东西，也会买日本生产的东西。”于是天皇就同意了。从那之后，日本的贸易对外开放，日本人的视野也开阔了。在此之前，除了中国，日本对其他国家一无所知。他们听说美国的火车、电报和各种机器之后非常惊奇，就派了大量有才华的年轻人到美国和欧洲各国去学习。这些年轻人学成归国之后，就把学到的知识和技术传授给国内的人。日本人的学习能力很强，很快就掌握了各种知识和技术，日本也很快就发展为发达国家。当然，日本人学习的时候，学习了好东西，也学习了不好的东西。他们不但学会了制造有轨电车、电灯和汽车，还学会了制造战舰、飞机、坦克和枪炮，建立起了一支强大且先进的部队。后来，日本人轰炸了美国在珍珠港的舰队，迫使美国加入第二次世界大战。最后，战争以日本战败而告终。

日本人模仿美国人制造的第一样东西就是大人坐的“婴儿车”。日本的马很少，一名住在日本的美国水手给自己的妻子做了一辆放大版的婴儿车，雇日本人拉车——当时雇一个日本人比租一辆马车便宜得多。日本人把这种车叫作“人力车”。他们觉得人力车非常好用，于是仿制了几千辆。在20世纪初，日本、中国和其他东方国家盛行人力车。拉车的人被称为人力车夫。车夫们经常拉着客人四处跑，好像永远都不知疲倦。

在日本的城市里，有很多人的穿着打扮和美国人一样，也有很多人穿着**本国的传统服饰——和服。和服看起来就像妈妈或者姐姐在家里穿的睡袍。**

在日本，有两个专门为小朋友庆祝的节日。一个就是为女孩庆祝的节日，在每年的3月3日，叫作“偶人节”。节日当天，女孩们会把自己所有的玩偶都拿出来，摆放得整整齐齐。另一个是为男孩子庆祝的节日，在每年的5月5日，叫作“风筝节”。节日当天，只要家里有男孩，人们就会在房子前面竖一根杆子，挂上鲤鱼形状的纸风筝。鲤鱼是一种逆流而上的鱼，逆流比顺流困难得多。日本人想用这种方式告诉所有的男孩，要像鲤鱼一样迎难而上，遇到困难不能退缩。

日本人非常喜欢花花草草，在每年鲜花盛开的时候，会有专门的假期，其中一个节日在春季，樱花、桃花、李花竞相开放的时候；还有一个节日在秋天，各种各样的菊花盛开的时候。无论大小，日本的每栋房屋都会有一个小花园，修建得非常有田园风情。在花园里有模拟的湖泊、山脉、河流和小桥。所有的东西都栩栩如生，从照片上看就跟真的一样。日本人还会把橡树、枫树培养得非常矮小，从图上看，这些树木好像有30米高，有100年的树龄，其实它的真实高度只有0.3米左右，当然，有的树木确实有100多年的树龄。

● 日式庭院

日本的孩子求学欲望较强。记得有一次，我在日本的一家商店里欣赏各种各样漂亮的雨伞。有个小男孩跑过来用英语问我，能不能免费给我当一天的导游。

我问他：“为什么呢？是不是想向我们展示一下这里呢？”

“不是的，我只是想练习一下自己的口语而已。”他回答道。

我曾经参观过一所日本学校，有十几个小男孩给我留了他们的联系方式，让我回家后给他们写信，还跟我说他们会用英语给我回信的。

明信片

我回国后，确实给日本的那些小男孩都寄去了明信片。这些明信片都是我精挑细选的，上面的景色都是美国最具有代表性的。其中一张是华盛顿的国会大厦，一张是尼亚加拉大瀑布，还有一张是纽约的摩天大楼。每个小男孩都给我回了一封薄薄的信，有的在里面画了日本最具有代表性的景物，有的在信里夹了一张图片，图片上也是日本最具有代表性的景物。

其中有3个小男孩画了同一个景物，那是一座漂亮的山，山顶上白雪皑皑，那就是**日本一座神圣的山，叫作富士山。其实那是一座休眠火山，山顶上常年覆盖着白雪。**日本人非常喜欢富士山，很多日常用品上都可以看到富士山的影子，比如扇子、盒子、碟子、雨伞和屏风。即使最受欢迎的明星或名人也没有能像富士山那样，拥有那么多漂亮的照片和图片。

有两幅图画的是在小树林中有一座巨大的青铜佛像，它的大拇指上就可以坐五六个人，眼睛将近1米长，是用纯金打造的，前额上有一个很大的球，是用白银做的。我们可能会把它当作普通的佛像，但是日本人用佛像纪念著名人物和圣人，就像是我们的纪念碑一样。

除了这两个景物，还有其他的一些图画。

●《相州梅泽左》，葛饰北斋笔下的富士山

一、东京的街景

日本以前的首都在京都。而**东京是日本现在的首都，是日本最大的城市，也是世界大城市之一**。过去，东京和日本其他城市以及美国的城市截然不同，没有摩天大楼，很少有建筑是两层以上的，而且大部分的建筑都是用木头做成的。这是为什么呢？因为日本经常会发生地震，高楼大厦非常容易倒塌，所以用木头搭建房屋更安全一些。但是由于房子是由木头做成的，灯和炉子在地震中很容易引起火灾，一旦引起火灾，后果不堪设想。不过，这都是很久之前的事了。现在，聪明的日本人发明了很好的抗震技术，即使是高楼大厦也能够抵御10级以上的地震。所以，现在东京超过200米的高楼也有很多。

日本有少数房子是可以抗震的。这些房子都是搭建在地下的水泥平台上，而不是直接建在地面上，这样，地震发生的时候房子就不容易倒塌了。

二、日本的房屋

日本的房屋是用木头做成的，窗户是用纸糊的，地板上盖着草席。在日本，人们不是根据地板的大小来制作草席，而是根据草席的大小来铺设地板。所有的草席大小都一样，铺设地板的时候就会说，有6张草席的大小、10张草席的大小或者是更多草席的大小。为了保持草席的清洁，日本人进屋前都会脱掉鞋子，穿着袜子走进去。日本人穿的袜子就像连指手套一样，一个个脚趾是分开的。你肯定不会穿着鞋子在床上睡觉吧？日本人也从来不会穿着鞋子踩到草席上。

日本人的屋子里没有椅子，所有的人都坐在地板上。我们坐在地上时间长了就会觉得很不舒服，但是日本人却非常喜欢坐在地上。我们在火车上看到日本人有长凳子不坐，偏偏喜欢盘腿坐在地上。我们都不明白是什么原因，有些美国小女孩也非常喜欢盘腿坐在椅子上，小男孩却很少这么坐。日本桌子的桌腿只有十几厘米高，吃饭的时候每个人的面前都放着一张这样的桌子，桌上放上食物。所有的人都膝盖着地，跪在地板上吃饭。日本人没有床，睡觉的时候就睡在草席上，用和服当作被子，硬硬的木头当作枕头。

● 日本的房屋

日本人有一点非常像大象。你猜猜是哪一点？前面讲到泰国的时候，我们说过大象每天至少要洗一次澡，否则就不愿意干活儿。日本人也经常洗澡。奇怪的是，日本人一家人洗澡用的是同一盆水，一个人洗完了另一个人洗，中间不换水。他们的浴缸看起来就像是上面锯掉一半的大木桶，只能坐着，不能躺下。桶里的水比较热，身上的毛孔很容易张开，洗澡的人进去之后，就在里面泡上一段时间，然后再擦干。

三、两个日本人用一根木棍抬着一只桶

我们看不到桶里有什么东西，但是知道里面装的肯定是鱼。日本牛、羊、猪等动物非常少，加上日本虔诚的佛教徒从来都不吃肉，所以日本人很少吃肉。但是日本人吃很多鱼，他们认为鱼不是肉。日本可能是世界上吃鱼最多的国家，比盛产鱼类的挪威人还要多。**日本是一个岛国，四面环海，**随时都可以捕鱼。鱼贩子会把活鱼装在木桶中，以保持鱼肉的新鲜。

四、种着水稻的水田

在日本，大米是主要的食物，茶是最主要的饮料。日本人喝茶从来都不加糖，也不会加牛奶。日本有很多茶室和茶园，里面有艺伎，会给客人奉茶，还会边弹琴边跳舞，给客人提供娱乐。她们弹的琴很像班卓琴[1]。

❶班卓琴：也称五弦琴，以往在传统非裔美国人的音乐和19世纪的黑脸走唱秀中出现，现在多用于弹奏乡村音乐。

有一封信上画的是一道高高的木门，在日本被称为“鸟居”，意思是“小鸟休息的地方”。日本有很多鸟居，有独立的，也有成排的，通常被作为通往寺庙或者神社的门，被认为是很神圣的。

有一封信上画的是一个大大的石灯笼。在日本的寺庙和花园中有很多石灯笼。石灯笼的光很暗，主要起到装饰作用。日本还有一个灯笼节，当然，这里说的灯笼和我们用的纸灯笼是一样的。

还有一封信，画的是3只木头雕刻的猴子。一只猴子把爪子放在自己的耳边，一只猴子把爪子放在嘴边，还有一只猴子把爪子放在眼睛边，意思是“不听邪恶的东西，不讲邪恶的话语，不看邪恶的东西”。

鸟居

石灯笼

三不猴

五、两个很胖的男人

在一栋建筑的中央，他们半蹲着身子，面对面，周围坐着几千名观看的人。

这两个很胖的人看起来像是在摔跤。我们前面说过，斗牛是西班牙的全民运动，棒球是美国的全民运动，这种看起来好像是在摔跤的就是日本的全民运动。日本有两种类似于摔跤的运动，一种叫作“相扑”，比赛的双方就像图中那样，都是几百斤重的人。相扑比赛会有很多的人观看，就像我们看的棒球赛或者足球赛一样。参加比赛的双方蹲伏着身子，就像是两只巨大的牛蛙，大部分时间其实就是待在原地不动，寻找抓住对方的机会。在美国人看来，这

● 相扑选手

样的摔跤一点儿动感都没有，大部分时间都是在等待，只要一方把对方抓住，比赛就结束了。还有一种类似于摔跤的运动叫作“柔道”。柔道是一项技巧性很强的运动，即使是个头儿很小的人，只要他知道其中的诀窍，就能够抓住对方的胳膊、手或者腿，把比自己强壮的人摔在地上，然后迅速扭脱他的关节，使对方不能动弹。我在日本看到过很多学校的学生都在练习柔道，两人一组，练习迅速地移动以及各种技巧。

相扑和柔道是日本的传统运动。现在的日本还向其他国家学习了棒球等各种其他运动。棒球在日本非常受欢迎，和美国一样，每场棒球赛都有很多人观看。

最后一封信中有一张日本天皇的照片。很多以前有皇帝的国家现在都已经改变了体制，开始由总统领导。虽然日本在很多方面都发生了巨大的变化，但在这点上却始终没有改变，以后可能也一直都会有天皇。现在这个天皇的家族已经统治了日本2000多年。在第二次世界大战日本战败后，日本保留了天皇。以前日本人都认为天皇非常神圣，把天皇当作神来崇拜。现在的日本人已经不再崇拜天皇了，但是仍然非常尊敬他。

人造“山峰”

我们都知道，**地球上共有七个大洲，亚洲是最大的大陆，非洲是第二大的大陆。**

非洲经常被看作“挡道”的大陆，它挡住了西方人去亚洲的路。所有人都想绕过非洲，不想踏上非洲大陆。如果船只在非洲大陆沿岸翻了船，很少有船员能活着回家，给人讲一讲丛林中的野生动物和黑种人。非洲也常常被称作“黑暗大陆”，似乎没人了解这片大陆，也没有人想了解这片大陆。非洲大陆靠近地中海边缘的地方住着白种人，在长达几千年的时间里，这里一直由权力强大的王国统治着，这就是埃及。

你见过100多岁的人吗？我看到过5000多岁的人哦，是一个真人，不过已经风干了，他是古代埃及一位强大的国王。他不希望自己死后化作尘土，那样就不能够在世界末日的时候重生了。他下令，自己死后的尸体必须经过药水浸泡，然后用布裹起来，上面压上一座巨大的石山，这样就不会有人接触他的尸体，也不能任意挪动尸体了。他生前就下令造好了一座石山。其实没有人知道自己死后会发生什么，现在那位万民臣服的国王已经变成了木乃伊，陈列在一座博物馆中。博物馆的管理员经常会给木乃伊掸掸灰尘，扫地时就把木乃伊搬开。许多埃及国王的木乃伊现在都收藏在博物馆中。

这座石山就是我们所说的金字塔，也是世界七大奇迹之一。以前，埃及的国王在生前就会把金字塔建好，死后才可以作为陵墓。每位国王都希望能够建造比前面的国王更大更好的金字塔。世界上最大的金字塔是一位名叫胡夫的国王建造的。胡夫在公元前2500多年就去世了。据说，胡夫征用了1万人，花费了10年的时间才建造好这座金字塔。

金字塔的外表最初是用石头砌成的光滑的斜墙，后来当地人从金字塔上取下石头建造了其他的建筑，所以现在的金字塔外表已经变得坑坑洼洼的了。胡夫金字塔和其他金字塔都是用石头砌成的，在金字塔的中间有一块小小的空间，用来存放国王的尸体和他生前所用的一些物品。古代埃及人相信，人死后就像是进入了长长的睡眠，当世界末日来临的时候就可以醒来并得到重生。所以，他们下葬的时候，旁边都会陪葬一些家具和生前用过的东西，等他们重生之后可以继续使用。胡夫葬入金字塔之后，把所有的通道都用石头封起来了，封口做得非常好，一点儿痕迹都看不出来，这样就可以防止有人进去偷走他的尸体。但没有想到的是，后来还是有人进入了金字塔，偷走了他的尸体和所有的陪葬品。如果胡夫真的能够重生的话，那他的灵魂很难找到他的身体了。

在古代，埃及人非常崇拜神话中的神和动物，其中公牛和甲虫就都被当作神圣的动物，人们还制作了公牛和甲虫的木乃伊。现在，90%的埃及人都是伊斯兰教教徒，不会再建造金字塔，而是建造漂亮的清真寺。

这些金字塔的附近还有一座狮身人面像。那是一座巨大的石头雕像，身体是狮子，头部是埃及以前的一位国王。在古希腊神话中，有一个带翼的狮身女怪，身体是狮子，头部是一个女人。女怪会坐在路边，让路人猜谜语："什么东西早上有4条腿，中午有2条腿，晚上有3条腿？"路过的人如果答不上来，女怪就会一口把他吃掉。最终，有一个人答对了："是人。人在小时候，相当于一天的早晨，是手脚并用地爬行的，所以是4条腿；在长大之

后，就相当于一天的中午，是2条腿走路的；在老了之后，就相当于一天的晚上，除了2条腿，还多了一根拐杖，所以是3条腿。”希腊的狮身女怪是个女的，但是埃及的狮身人面像却是个男的，他不会让人们猜谜语，他是埃及人的太阳神。

狮身人面像和金字塔都在一条河边，这条河就是埃及唯一比较大的河流——尼罗河。不知道你有没有听说过“鳄鱼的眼泪”这种说法？鳄鱼是一种生活在尼罗河中的大型爬行动物。古埃及人说，鳄鱼会抓住埃及的小男孩，吃小男孩的时候还会流泪，好像是很心痛似的。后来，**如果有人虚情假意地哭泣，人们就会说他在流“鳄鱼的眼泪”。**尼罗河分成几条支流，最后汇入地中海。在支流之间的一部分土地叫“三角洲”，因为它的形状像三角形而得名。以前，人们经常会按照物体的形状给它起名字。

埃及北部几乎不下雨，而南部到了夏季之后会有一个雨季，这个时候雨水非常充沛。若雨水过多，尼罗河就会泛滥，洪水会冲垮河岸，冲毁农田和村庄，留下大量泥土。但是这样的泥土非常肥沃，在洪水退去之后，埃及人就在土地上种植小麦和优质的棉花。以前的尼罗河差不多每年都要泛滥一次，其他时候河水非常浅，人们必须走下河岸才能打到水。❶

❶埃及人在尼罗河上游一个叫作阿斯旺的地方建造了一座大坝。大坝起到了蓄水的作用，形成了一个大湖。现在，尼罗河下游不会再发生洪灾了，而一旦下游需要水，人们就可以打开水闸的闸门放水。建造阿斯旺大坝的时候，中间有一座非常漂亮的古老的神庙没有办法搬走，现在神庙已经全部被淹没在水中了。

可能你会有一个叫作亚力克的小伙伴，下面我介绍的人物也叫作亚力克。他是生活在2000多年前的一位古希腊国王，全名叫亚历山大。亚历山大在尼罗河的入海口建造了一座大城市，根据自己的名字把城市命名为亚历山大。虽然亚历山大去世2000多年了，但是亚历山大城依然存在着，并

● 狮身人面像

且是埃及的主要海港。

沿着河流往北是一个叫作开罗的城市。**开罗是埃及首都并且是非洲最大的城市。**如果你坐飞机经过开罗，从上空往下看的话，就知道埃及人大部分不是基督教教徒，而是伊斯兰教教徒。因为经过基督教城市上空的时候会看到教堂的尖顶，但是经过开罗的时候，你可以看到形状像倒扣的碗似的圆顶和形状像蜡烛似的光塔——全世界最漂亮的一些清真寺就在埃及。

● 谢赫扎伊德清真寺

荒芜的沙漠

从直布罗陀出发，经过几千米就能到达非洲的另一个国家。这个国家叫作摩洛哥，居住着摩尔人。虽然两地只有几千米的距离，但是很多方面都有天壤之别。在直布罗陀，几乎所有人都是基督教教徒，他们的穿着打扮和美国人一样，说的是英语。有一天，我们吃完早饭之后从直布罗陀坐着小船出发，中午就到了海峡对面的摩洛哥。几乎所有摩洛哥人都是伊斯兰教教徒，说的都是阿拉伯语。

我本来打算去摩洛哥的一个叫作菲斯的城市。当地没有铁路，我们只能找美国驻摩洛哥领事，帮我雇了导游、仆人和驴子。领事是一个国家派往其他国家的官员，帮助自己国家的人在外国处理各种事务。

“你不能去菲斯，”他说，“美国不允许自己的公民去菲斯。那里有强盗，只要有美国人去那边，就会被强盗抓起来！”

“那我不带钱总可以了吧？”我问道。

“不行，那些强盗并不是要你的钱，”他说，“他们就是想要你的人。一旦你被绑架，他们就会寄一封信到美国，警告美国政府，如果不拿钱来赎人的话，他们就把你杀了。美国政府有义务提醒自己的国民，不要去那里。”

● 撒哈拉沙漠

后来我就没有去菲斯，我对菲斯唯一的了解就是：那里有一种红色的帽子，看上去就像是倒置的花盆，以前的土耳其人就戴着这种帽子。

你有没有听过这样一首歌，名字叫作《家，甜美的家》？这首歌是一位思念故乡的美国领事写的。他曾经在突尼斯担任领事，突尼斯以前也是有海盗出没的国家。去了摩洛哥之后，我终于明白当时他为什么会写出这样的歌曲了。

每个大陆都有沙漠，但是大小不一。**世界上最大的沙漠就在非洲，位于摩洛哥的南面，名字叫作撒哈拉沙漠。撒哈拉沙漠的面积很大，从非洲的一侧一直延伸到另一侧。**沙漠中有的地方有岩石，有的地方只有干燥的沙土，大部分地方任何植物都无法生长。只有少数的地方有一点儿水，海枣树可以生长，人类也可以生存，这样的地区就叫作绿洲。有些绿洲的面积比较大，长宽可以达到几十千米。人们可以骑着骆驼在绿洲之间穿行，在沙漠里没有道路和指示牌，就像在大海中航行一样，很容易迷路，人们只能借助指南针和北极星判断方向。沙漠和海洋一样，随时都会发生变化。一阵强风之后，沙漠上就会产生新的沙丘或者沙谷。又一阵风吹过，原来是沙丘的地方可能会变成沙谷，原来是沙谷的地方可能会变成沙丘。沙漠中的风暴非常可怕，大风会持续很长时间，经常会有旅客在风暴中被沙子活埋。多年之后，这些被活埋的人就变成了白骨，可能在一阵风之后，白骨就露出来了。途经的人看了就会感到害怕，害怕自己随时也有这样的危险。

黑人的土地

从撒哈拉沙漠北端到南端只能骑骆驼或者坐飞机，骑骆驼的话，需要两个月左右的时间，沿途既没有铁路，也没有公路。沙漠南部边缘有一个叫作廷巴克图的地方。在美国，如果形容一段距离非常遥远，就会说“就像是从卡拉马祖到廷巴克图一样”。卡拉马祖在美国的密歇根州，廷巴克图在非洲。如果旅行队要穿过撒哈拉沙漠到地中海沿岸的国家，都会从廷巴克图出发，来自地中海沿岸的国家旅行队也经常把这里当作终点站。

撒哈拉沙漠很少下雨，但是非洲东北部的一个国家苏丹，雨水非常充沛。“苏丹”的意思是“黑人的土地”。

有人说，黑人是白人晒黑之后变的——因为他们生活的地方太热了，晒黑之后就不会复原了。

非洲西部有一条很大的河流，叫作尼日尔河。尼日尔河汇入几内亚湾，流经的土地都非常肥沃。几内亚湾边缘有许多小国家，除其中一个外，其他都属于欧洲。

这个国家就在几内亚湾的角落里，叫作利比里亚。利比里亚非常像缩小版的美国，事实上，利比里亚就是仿照美国建立的。但不同的是，利比里亚都是黑种人。下面，我就告诉你利比里亚是怎么模仿美国的。

美国刚刚成立的时候，白种人就希望有人能够替自己做农活儿和其他的工作。海盗们瞄准了这个机会，从非洲抓了很多黑种人，并卖给了美国人当作奴隶。以前，地中海上的强盗经常抢劫过往的船只，让船上的白人船员做自己的奴隶。现在，美国大部分黑种人的祖先都是那些被贩卖到美国的非洲黑种人。后来，很多人都认为这些黑种人的祖先非常可怜，被卖到美国，远离了自己的家乡。后来，门罗当选为美国总统，他实行了一系列的政策，让一部分黑人恢复了自由，并且用船把那些希望回到家乡的非洲人送了回去。他们回到家乡之后就建立了一个小小的国家，叫作利比里亚，意思是“自由的土地”。首都根据门罗总统的名字命名为蒙罗维亚，还按照美国一些大城市的名字给村庄起了很多相似的名字。比如一个村庄叫作纽约，还有一个村庄叫作费城，但是这两个村庄只有几百人居住。那些黑人并没有试图忘记自己曾经当过奴隶的地方，而是试图模仿那个地方的一些东西。

再往南就到了赤道，赤道就是地球上离北极和南极距离相同的地方。非洲的第二大河流流经赤道，它就是刚果河。非洲的这块地方非常炎热，每个月都会下雨，植物生长得非常迅速，野草会长得跟屋子一样高，树木非常繁茂，形成大片森林，很难通行。这里非常像地球上另一个赤道附近的地方，那就是南美洲的热带雨林。

100多年前，人们对那片土地了解很少，因为那里非常危险，自然环境也不适合人类生存。以前在那里居住着食人族，会杀死他们看到的外来人，吃掉外来人的肉。如果外来人生活在当地湿润的丛林里，就很容易发烧。那里还有一种叫作舌蝇的小飞虫，人被它咬了之后就会开始嗜睡，而一旦睡着了就再也醒不过来了。即使是逃过了食人族和舌蝇，那里还有很多凶猛的野生动物，随时会让人丧命。

苏格兰有一个叫作大卫·利文斯通的小男孩。他小时候和你我没有什么区别，但是10岁之后，他就不能继续读书了，而是去了一家棉纺织厂工作。每天早晨，他都6点起床，一直工作到晚上8点，也就是说，他一天要工作14个小时。他只是一个10岁的小男孩！白天的工作很辛苦，但晚上回家他也并不会闲着。晚饭之后，他就拿出书认真学习，直到累得睡着。利文斯通有一个心愿，那就是能够为人类做出贡献，帮助那些身患疾病或者生活悲惨的人。通过学习，他成了一名医生和基督教牧师。当时他认为中国人是最需要帮助的，所以他就打算去中国。后来，他并没有被派到中国，而是被派到了非洲。

● 大卫·利文斯通

有很多人都说他肯定会死掉的，不是被舌蝇咬死，就是喝了那里的水发烧而死，要么就是被那些凶猛的野生动物吃掉。“如果我真的会死掉，”他说，“怎么死的都没有区别，我总有一天会死掉的，但是我想在死之前做一些好事。”于是他义无反顾地去了非洲。

他一去就是30年，有时候他会回到苏格兰待一段时间再回到非洲，但是后来人们再也没有他的消息了。很多人都说他死了，但是有些人认为他还活着，于是就派了一个叫作斯坦利的记者去找他。斯坦利来到了非洲西海岸，那里的黑人都听不懂英语，他费劲地用手势问他们有没有见过一个白人。黑人都摇头，因为30年的时间实在太长，大部分那时候活着的人都已经去世了。最后，有些黑人用简单的英语告诉斯坦利，他们听自己的爸爸说过有这么一个白人，那个白人后来往东边去了，说着还指了指那个方向。于是，斯坦利就一直往东走，过了很长的时间，来到了一个长长的湖边，那个湖的名字也很长，叫作坦噶尼喀湖。他来到湖边的时候，一位年老的白人过来迎接他。斯坦利激动地问：“你应该就是利文斯通医生吧？”这就像是在火车站接亲人一样，如果对方的特征明显的话，一眼就可以认出来。那位老先生正是利文斯通，斯坦利想说服他跟自己一起回去。

但是利文斯通说：“不，我的工作就在这里。我还要帮助这里需要帮助的黑人，帮他们治疗身上的病痛。等我死后，我希望自己能够葬在英国。”斯坦利只能一个人返回英国。

两年之后，利文斯通去世了，身边有几个黑人陪伴着。当时他正跪在地上祈祷，然后一直都没有起来，小仆人去扶他的时候发现他已经死了。当地所有的黑人都很爱戴他，知道他希望自己死后能够落叶归根。他们就对利文斯通的遗体进行了防腐处理，几个人用担架抬着，走了几乎1300千米的路，花了整整两个月的时间，终于到达了海岸边。他们费了不少功夫，用手势请求路人，终于有一艘船愿意将利文斯通的遗体带回英国。后来，他的遗体被安葬在威斯敏斯特教堂里，和很多著名的大人物安息在一起。

利文斯通深受黑人的爱戴，只要是他说的，黑人们都会照做，他的名字似乎有一种魔力。他使很多黑人开始信奉基督教，也说服了很多食人族不再吃人。

曾经有一个阿拉伯首领把黑人当作野生动物，抓住黑人后，把他们用铁链锁起来，卖到其他的国家做奴隶。利文斯通和黑人一起经过了几年的努力，终于结束了这种现象。这也是利文斯通所做的贡献之一。

利文斯通做的另一个贡献就是绘制了非洲一部分地区的地图，那部分地区在以前是没有人了解的。他还发现了世界上较大的瀑布之一，它的高度和宽度是尼亚加拉大瀑布的两倍多，发出的水声在30千米外都能够听到。当时他在很远的地方就听到了瀑布的声音，他问当地的黑人那是什么东西，那些黑人把瀑布叫作“会发声的水雾”，后来他就把这个瀑布叫作“维多利亚瀑布”，当时的英国女王正是维多利亚女王。维多利亚瀑布位于赞比西河，河流的北边有一个叫维多利亚的湖泊。维多利亚湖是尼罗河的源头。在公元前三四千年，埃及人就已经知道尼罗河的存在了，但是没有人知道尼罗河的源头在哪里。他们都认为尼罗河的源头在天堂之上。

● 维多利亚瀑布

动物的乐园

你有没有参观过动物园或者马戏团呢？如果你住在一个动物园中，动物都没有被关在笼子里，你会有什么感觉呢？非洲两侧赤道附近的地方就像是这样的动物园。

● 狮子

狮子是一种大型猫科动物，是“野猫”当中最凶猛的一种，也几乎是所有动物中最令我们害怕的一种，就算是关在动物园的笼子里，它的吼声也会让人毛骨悚然。几乎所有的动物都害怕狮子，狮子却不害怕其他动物。很多野生动物都要时刻警惕，防止被天敌吃掉，但是狮子却可以整天呼呼地睡大觉，一点儿都不担心天敌，因为它们没有天敌。

小时候，爸爸曾经告诉我，要想活捉鸟的话，就要在鸟的尾巴上撒点儿盐。后来我才知道，其实这样是不行的，要用这种办法抓住狮子更是不可能的。如果猎人想要活捉狮子，并把它卖到动物园或马戏团的话，就必须用陷阱。他们会在地上挖一个大坑，上面盖上树枝和嫩叶，狮子掉进陷阱后，再用一张结实的网把它抓住。如果猎人想要杀死狮子的话，就必须躲在水源边，等狮子来喝水；也可以猎杀一些其他动物，放在狮子来喝水的路上做诱饵，就像钓鱼的时候用的鱼饵一样。经常被用作诱饵的一种动物就是斑马，因为斑马非常温驯，不会对人有任何伤害，它们长得就像身上带着条纹的小马。斑马的条纹看起来就像茂盛的草投下的阴影，所以它们不容易被天敌发现。一旦在路上扔了诱饵，其他食肉动物也会被吸引过来，这个时候就必须把它们吓跑。其中可能会来的食肉动物就是鬣狗。鬣狗的叫声非常奇怪，听起来就像是笑声，而且它们只有在生气的时候才会叫。鬣狗的胆子非常小，不敢捕捉活的动物，它们一般都寻找死了的动物当作食物。它们可能是整个丛林里最胆小的动物。

● 鬣狗

丛林里的动物们，要么咬死其他动物，要么被其他动物咬死，要么就得迅速地逃跑，那里可不会有警察叔叔维持秩序。

你知道丛林里最勇敢的动物是什么吗？不是狮子，而是猴子。

只要狮子发出吼声，丛林里所有的动物都会撒腿就跑，但是猴子是最后逃跑的。躲在暗处的猎人，只要观察周围动物的反应就能够知道狮子是不是靠近了。看到鬣狗逃了过去，就知道狮子肯定还在后方很远的地方，胆小的鬣狗听到狮子的吼声总是第一个逃跑的，接着你会看到其他的动物一个接一个地逃跑，最后才是猴子。一看到猴子逃跑，猎人就知道狮子肯定离得很近了。

有些动物不吃肉，只吃植物，长颈鹿就是其中的一种。它有长长的腿和

● 长颈鹿

脖子，只吃脖子能够到的树叶和嫩枝。如果长颈鹿想喝水，或者吃地面上的东西时，就必须把4条腿分开，再慢慢把身子俯下，就像是一个大写的字母A，只有这样才能喝到水。

所有的动物都能够发出声音，可能那就是它们的语言吧。有的发出“汪汪”声，有的发出“哞哞”声，有的发出“咩咩”声，有的发出“咯咯”声，有的发出“喵喵”声，有的发出“嘎嘎”声，有的发出“呱呱”声，有的发出“咝咝”声，有的发出“哼哼”声，有的发出咆哮声，有的发出咕噜声，有的发出尖叫声，有的发出啼鸣声，有的发出哀嚎声，有的叫声像大笑，有的叫声像唱歌……各种各样的叫声，应有尽有。

在丛林的河里生活着一种动物——河马。虽然叫“河马”，但是看上去更像是巨大的肥猪——而且和猪一样喜欢在泥里打滚儿。在河马休息的时候，如果只有脊背露在水面上，看上去就像是一块巨大的岩石，也像是一艘只露出一部分的潜艇。

● 河马

还有一种又大又笨的动物，叫犀牛。如果举行一场选丑比赛的话，犀牛一定会拿到冠军。它们的腿短短的，鼻子上有一个或者两个角，皮很厚，猎人的枪根本打不进去。打猎的时候，猎人只能想办法打它的肚子，但是犀牛的腿非常短，想打肚子很困难。如果有人脸皮很厚，我们跟他说了半天都没什么反应，我们就说他“脸皮厚得跟犀牛皮一样”。

犀牛

我有一根很奇特的棍子，它可以弯曲。我经常让人猜它是用什么材料做成的，很多人都说是用硬橡胶做的，其实它是用犀牛皮做的。犀牛的视力很差，它的眼睛似乎什么都看不到，如果是人的话，就得戴一副眼镜了。当然，犀牛是不能戴眼镜的，但是它有一个好朋友可以充当它的“眼睛”，那就是犀鸟。犀鸟经常停在犀牛的背上，给犀牛指方向，还会提醒犀牛可能会遇到危险。

禁止买卖象牙对于大象来说是一件好事。人们发明了用棉花和其他材料制成的人造象牙，其实它是一种特殊的塑料。这种材料比真正的象牙要便宜很多，而且很多情况下都比象牙好用。时间久了，象牙会变黄，但是这种材料不会。

非洲大陆上的黑人对美丽的看法非常特别。当然，或许在他们看来，我们的想法也非常滑稽。他们觉得白皮肤是惨白惨白的，就像病人，一点儿都不健康，黑皮肤看上去才是真的健康。而且，一般的耳环在他们看来都不够大，他们会在自己的嘴唇和耳朵上打洞，然后慢慢地把洞撑得越来越大，有的耳洞甚至可以穿过一根手指。那时他们就会把一些木块之类的东西穿在耳洞里。

● 打手鼓的非洲人

可能你听说过这样一个故事，有一个小男孩是孤儿，他住在一个吝啬的阿姨家，阿姨不给他东西吃，他只能跑到外面吃虫子来填饱肚子。非洲人就非常喜欢吃虫子，但并不是因为没有东西吃。他们还会吃蚂蚁和蝗虫，有的时候生吃，有的时候烤熟了吃。但是有一样他们跟白人是相同的，那就是喜欢吃西瓜，**我们吃的西瓜最早就是在非洲种植的。**

非洲人最喜欢的音乐形式是打手鼓。顾名思义，手鼓就是用手掌击打的鼓。非洲人可以连续打上好几个小时，手鼓发出的“砰砰”声在他们听来就是最动听的音乐。手鼓的声音在几千米外都能听到，通过击打手鼓，黑人还可以向自己的邻居传递信息。

财富之地

你有没有想过家？如果没有的话，那你肯定是没有出过远门吧？即使是出过远门，肯定也没有待过很长的时间吧？试想一下，如果你住在地球的另一端，离你的爸爸妈妈、兄弟姐妹、同学朋友非常远，5年或10年的时间才能够回家一次，或者永远都不能回家，你会有什么感觉？你肯定会想家。英国人都非常热爱自己的国家，也比其他国家的人更恋家，但是有的英国人却曾经在非常遥远的地方安家。

地球上有一个非常大的岛屿，经常被称作大陆，距离英国非常远，乘船从英国到那儿要花费五六个月的时间。那个时候，岛上住着棕色皮肤的土著人，后来英国人到达此处，建立了大城市，统治这个岛屿长达100多年，这就是澳大利亚，意思是“南部的土地”。**美国位于赤道的北部，澳大利亚则位于赤道的南部。澳大利亚是冬天的时候，美国是夏天；澳大利亚是夏天的时候，美国则是冬天。**澳大利亚离英国非常遥远，当时的英国人认为那里是关押囚犯的好地方。一旦囚犯被关押在这个岛上，就没有办法逃跑，也不会伤害到其他人。当时许多囚犯都被押送到澳大利亚，很少有人再回到英国。有些囚犯甚至因为想家而死去，毕竟囚犯也是普通人，也会思念自己的

家乡。

没过多久，英国人发现这个岛屿远不止这点儿用途。澳大利亚中部地区是一片沙漠，沙漠里有金矿。金子似乎具有某种魔力，不管是不是沙漠，不管有多么危险，许多年轻的英国人都赶到了澳大利亚去挖金子，他们希望发财后再回家。后来他们才发现，挖金子的成本太高了，根本就不划算，但是他们没有放弃自己的发财梦，一种办法不行，他们就尝试其他办法。澳大利亚南部是一片广阔的草原，可以放牧。当时的澳大利亚没有牛羊，英国人就从英国运了一些过去，却发现运来的牛羊不吃当地的草，仔细研究才发现是草的品种不对。但是英国人还是没有放弃，“第一次不成功就接着试，还不成功的话，就再试一次，直到成功”。当时的英国人确实是抱着这种信念在坚持，他们又回到了英国，带去了适合的草籽在当地种植。最后，坚持不懈的英国人终于成功了，种下的草长势非常好，牛羊的养殖变成了另一种“金矿”，很多人都发了大财，这是他们事先都没有想到的。生长在澳大利亚的绵羊的毛又细又长又滑，是全世界最好的羊毛。他们把羊毛剪下来，卖到英国和其他国家。**现在澳大利亚是全世界羊毛产量最高的国家，牛群在那里也生长得很好。澳大利亚还向很多国家出口冷冻的牛羊肉。**

本来一切都发展得很顺利，但是没过多久，发生了一件奇怪的事。有一个英国人带了一对宠物兔子来到澳大利亚，后来这对兔子逃走了，开始大量地繁殖。兔子也喜欢吃草，但是繁殖速度比牛羊要快得多。一段时间之后，兔子的数量远远超过了绵羊的数量。几百万只兔子吃了很多的草，很多地方的绵羊都没草吃了，但是兔子还在不断地繁殖。人们只能猎杀兔子，但是杀了100万只之后，还会有几百万只兔子出生。人们只能在全国搭起了栅栏，但是有的兔子能钻过栅栏，人们又搭了一层栅栏。现在的澳大利亚人还在大量捕杀兔子，把兔子肉做成肉罐头，卖回英国，兔子皮也可以卖钱，可以用来制作婴儿的睡袋。但是无论如何，当地人都无法消灭兔子，可能他们永远都不能摆脱这些小东西了。

澳大利亚本土的动物都非常奇怪，有一种叫作袋鼠的动物，高度和人类差不多，而且和人类一样是用两只脚站立的，看起来就像是要吃东西的狗一样。袋鼠还把自己的尾巴当作第三条腿，坐在两条腿和尾巴上，就像是坐在三脚凳子上。袋鼠的前脚很小，基本上没有什么用，跑的时候也不用四条腿着地，而是直接用两条腿向前蹦，一下子就可以跳很远。袋鼠妈妈的肚子前面有一个长长的袋子，小袋鼠就在这个袋子里长大，既能够当窝，也可以当摇篮。

从澳大利亚回来的船员都说在澳大利亚的海中看到了漂亮的女孩：腰部以上是漂亮女孩的模样，而腰部以下则是鱼尾。他们把这种生物叫作“美人鱼”。你应该听说过《美人鱼》的童话故事吧？在澳大利亚西部的沿海真的有美人鱼，它们生活在海里，会用手臂抱着自己的孩子。从远处看，船员们觉得美人鱼很漂亮，但靠近看的话，就会发现，美人鱼其实很难看，一点儿都不像是童话故事里讲的那样。其实，美人鱼是一种叫作“海牛”的动物。知道了真相，有没有非常失望？

澳大利亚的原住民叫作“丛林居民”。他们不认识数字，不会写自己的名字，更看不懂书，他们唯一懂的事情就是找东西吃。他们很少穿衣服，只是把颜料画在自己身上。他们用贝壳的边缘不断摩擦身上的皮肤，皮肤上就会隆起一个个肿块，然后他们就在肿块上抹黏土。肿块越多，他们就觉得越好看。

丛林居民有一种非常奇怪的玩具，叫作回飞镖。它是用木头做成的，形状就像一轮新月。他们把回飞镖扔出去，回飞镖会在空中打一会儿转，扔得好的话，回飞镖还会飞回扔的人手里。我有几个回飞镖，曾经有个朋友跟我开玩笑，问我会不会扔袋鼠。“扔袋鼠？”我问，“丛林居民也做不到吧？”

澳大利亚以前的**首都**是墨尔本，后来人们建造了新的城市作为首都，叫作**堪培拉**。堪培拉的一切都是井井有条的，城市规划得非常好，街道整洁有序，有国会大厦，房屋也非常整齐。建成之后，人们就搬到了城市里居住。

● 澳大利亚的放牧业

● 悉尼歌剧院

澳大利亚还有一个重要的城市叫作悉尼。

世界上适合人类居住的国家之一就是新西兰，它位于澳大利亚的东南面。可能你还记得，我们在前面说过丹麦有一个岛屿西兰岛，丹麦是欧洲较适合人类居住的国家之一。新西兰和西兰岛的名字很像。新西兰由两个岛屿组成，岛的形状非常像意大利，看上去就像是倒置的靴子。从地图上看，新西兰离澳大利亚不远，其实从澳大利亚乘船出发，到新西兰需要四五天的时间。新西兰北部地区的原住民叫作毛利人。毛利人和澳大利亚的丛林居民截然不同。虽然毛利人以前是食人族，但是他们非常聪明，从白人那里学习了很多东西。有些毛利人还接受了很好的教育，成为新西兰议会的成员。

旅途结束

经过了这么长时间的环球之旅，我们现在终于可以回家了。几乎所有人对家的感觉都是一样的。无论是白人还是因纽特人，无论你在冰天雪地之中，还是在椰子树底下，家永远都是养育我们的地方，没有人可以忘记它。

我以前认识一位老船长，他已经航海50多年了。他说，自己已经环球旅行好几次了，从蓬塔阿雷纳斯到阿尔汉格尔斯克，他的足迹几乎遍布世界的每个港口。他会说12门语言，到过每一个大陆，每一片海洋，见识过世界上各种各样的东西。他曾经有整整12年的时间都盼望着有一个可以安定下来的家。我

从来都没有看到过一个人能够像他回家时那样开心，其实他的家就在马里兰州南部的一个小村庄。

一年之后，我在纽约见到了他。他穿得很正式，纽扣的孔里还插着一朵花，就像是要结婚的样子。“你这是要去哪儿啊？”我非常好奇地问道。“当然是去航海啦，我12点就要出发了，我又可以去环游世界了！”他的样子非常兴奋，感觉马上就要跳起水手的角笛舞了。

我跟他说：“再见了，我以为你这次会在家里安定下来呢，没想到又要去航海了。”“家？那只不过是一个让人歇脚的地方罢了。”他边走边说，开心地跟我挥手告别。